ANATOMIA DE UM JULGAMENTO

Coleção Jornalismo Literário — Coordenação de Matinas Suzuki Jr.

A sangue frio, Truman Capote
Berlim, Joseph Roth
Chico Mendes: Crime e castigo, Zuenir Ventura
Dentro da floresta, David Remnick
Elogiemos os homens ilustres, James Rufus Agee e Walker Evans
Esqueleto na lagoa verde, Antonio Callado
Fama e anonimato, Gay Talese
A feijoada que derrubou o governo, Joel Silveira
Filme, Lillian Ross
Hiroshima, John Hersey
Honra teu pai, Gay Talese
O imperador, Ryszard Kapuściński
O jornalista e o assassino, Janet Malcolm
O livro das vidas, org. Matinas Suzuki Jr.
O livro dos insultos de H. L. Mencken, seleção, tradução e posfácio de Ruy Castro
A luta, Norman Mailer
A milésima segunda noite da avenida Paulista, Joel Silveira
Na pior em Paris e Londres, George Orwell
Operação Massacre, Rodolfo Walsh
Radical Chique e o Novo Jornalismo, Tom Wolfe
O rei do mundo, David Remnick
O reino e o poder, Gay Talese
O segredo de Joe Gould, Joseph Mitchell
Stasilândia, Anna Funder
O super-homem vai ao supermercado, Norman Mailer
A vida como performance, Kenneth Tynan
Vida de escritor, Gay Talese
A vida secreta da guerra, Peter Beaumont
Vultos da República, org. Humberto Werneck
O xá dos xás, Ryszard Kapuściński
Anatomia de um julgamento, Janet Malcolm

A marca FSC é a garantia de que a madeira utilizada na fabricação do papel deste livro provém de florestas que foram gerenciadas de maneira ambientalmente correta, socialmente justa e economicamente viável, além de outras fontes de origem controlada.

JANET MALCOLM

Anatomia de um julgamento
Ifigênia em Forest Hills

Tradução
Pedro Maia Soares

Entrevista com Janet Malcolm
Katie Roiphe (*The Paris Review*)

JORNALISMO LITERÁRIO
COMPANHIA DAS LETRAS

Copyright © 2011 by Janet Malcolm
Entrevista com Janet Malcolm (The Art of Nonfiction nº 4) publicada originalmente em *The Paris Review* © 2011 by The Paris Review

Grafia atualizada segundo o Acordo Ortográfico da Língua Portuguesa de 1990, que entrou em vigor no Brasil em 2009.

Título original
Iphigenia in Forest Hills: anatomy of a murder trial

Capa
João Baptista da Costa Aguiar

Preparação
Silvia Massimini Felix

Revisão
Carmen T. S. Costa
Jane Pessoa

Dados Internacionais de Catalogação na Publicação (CIP)
(Câmara Brasileira do Livro, SP, Brasil)

Malcolm, Janet
    Anatomia de um julgamento : Ifigênia em Forest Hills / Janet Malcolm ; tradução Pedro Maia Soares ; entrevista com Janet Malcolm : Katie Roiphe. — 1ª ed. — São Paulo : Companhia das Letras, 2012.

    Título original: Iphigenia in Forest Hills : anatomy of a murder trial.
    ISBN 978-85-359-2084-0

    1. Assassinato – Nova York – Queens County 2. Assassino profissional – Nova York 3. Borukhova, Mazoltuv – Processos, litígios, etc. 4. Judeus Bukharan – Nova York 5. Malakov, Daniel – Morte e sepultamento 6. Mallayev, Mikhail – Processos, litígios, etc. 7. Queens (Nova York, N. Y.) 8. Reportagens investigativas. I. Roiphe, Katie. II. Título.

12-03060   CDD-070.449

Índice para catálogo sistemático:
1. Nova York : Crimes e julgamentos : Jornalismo
   investigativo   070.449

[2012]
Todos os direitos desta edição reservados à
EDITORA SCHWARCZ S.A.
Rua Bandeira Paulista, 702, cj. 32
04532-002 — São Paulo — SP
Telefone (11) 3707-3500
Fax (11) 3707-3501
www.companhiadasletras.com.br
www.blogdacompanhia.com.br

Para John Dunn

E este caso de assassinato não é nada diferente de qualquer outro que já julguei. Parece que você pensa que ele é muito extraordinário. Não é. A vida de alguém foi tirada, alguém é preso, eles são indiciados, são processados e condenados. Isso é tudo.
       Juiz Robert Hanophy, 21 de abril de 2009

Tudo é ambíguo na vida, exceto no tribunal.
Possível jurado (não selecionado) na escolha do júri,
             29 de janeiro de 2009

Sumário

Anatomia de um julgamento 13
Entrevista com Janet Malcolm 169

Mazoltuv Borukhova e Mikhail Mallayev durante o julgamento.

No funeral de Daniel Malakov, parente carrega foto do falecido tirada no dia de seu casamento.

Matéria do jornal *New York Daily News* sobre o assassinato de Daniel Malakov, ilustrada por foto do suposto executor do crime, Mikhail Mallayev.

1.

Por volta das três da tarde do dia 3 de março de 2009, na quinta semana do julgamento de Mazoltuv Borukhova — uma médica de 35 anos acusada de assassinar o marido —, o juiz voltou-se para o advogado da ré, Stephen Scaring, e fez uma pergunta *pro forma*: "Há algo mais, senhor Scaring?". O julgamento estava perdendo força. Duas testemunhas de defesa haviam acabado de afirmar que Borukhova tinha um bom caráter, e esperava-se que o advogado encerrasse seus trabalhos com esse depoimento modesto e crível. Scaring respondeu, sem qualquer ênfase especial: "Sim, meritíssimo. Acho que a doutora Borukhova vai testemunhar em defesa própria".

Não houve reação imediata na sala do tribunal meio vazia, no terceiro andar da Suprema Corte do Queens, em Kew Gardens. Somente depois que Borukhova caminhou até o banco das testemunhas e fez o juramento foi que se registrou o choque causado pelo anúncio de Scaring. A boca de um dos espectadores — a do irmão mais novo da vítima — se abriu, como que para representar por mímica o espanto que corria pela sala.

Borukhova ficara sentada à mesa da defesa durante o julgamento e as audiências que o precederam, fazendo anotações em um bloco de papel tamanho ofício, ocasionalmente erguendo a cabeça para sussurrar algo ao ouvido de Scaring ou trocar um rápido olhar com a mãe e as duas irmãs, que sempre sentavam na segunda fileira dos bancos para espectadores. Era uma mulher baixa e magra, de aparência peculiar. Seus traços eram delicados e a pele tinha uma palidez cinzenta. Nas audiências, vestia um paletó preto masculino e uma saia também preta que ia até o chão, e seus longos cabelos escuros e crespos caíam pelas costas, amarrados por um cordão vermelho. Parecia uma estudante revolucionária do século XIX. Para o julgamento propriamente dito (talvez por conselho de alguém), ela mudou o visual. Prendeu os cabelos e usou paletós de cores claras e saias longas estampadas. Parecia bonita e encantadora, mas subnutrida. Quando subiu ao banco das testemunhas, vestia um paletó branco.

Scaring, um homem alto e esguio de 68 anos, é um conceituado advogado criminalista de Long Island. É famoso por assumir casos que parecem impossíveis de ganhar — e vencê-los. Mas o caso Borukhova tinha uma dificuldade especial: ela não era a única no banco dos réus; estava sendo julgada com Mikhail Mallayev, o homem acusado de matar o marido para ela. Scaring, no entanto, não o representava; um advogado mais jovem chamado Michael Siff fora nomeado pelo tribunal para Mallayev, e Siff não tinha a mesma capacidade de realizar proezas impossíveis. Mallayev tinha grandes chances de ser condenado — havia fortes provas materiais e testemunhais contra ele — e, nesse caso, Borukhova teria de ser condenada também, pois havia uma conexão irrefutável entre os dois: o exame dos registros dos telefones celulares mostrara que, nas três semanas anteriores ao assassinato, eles haviam trocado 91 telefonemas.

Outro obstáculo no caminho de Scaring para salvar Borukhova da prisão perpétua era o promotor principal, Brad Leventhal, que não tem a experiência de Scaring — é vinte anos mais novo —, mas é um excelente advogado de tribunal. Ele é baixo e gordo, usa bigode, caminha com os movimentos rápidos e dardejantes de um garnisé e tem uma voz muito aguda, quase feminina, que em momentos de excitação chega ao falsete de um disco tocado na velocidade errada. Usa as mãos quando fala: às vezes esfrega uma na outra num gesto de expectativa, às vezes ergue os braços numa agitação impotente. Em seu traje de inverno — um sobretudo preto até as panturrilhas e um chapéu de feltro também preto — poderia ser confundido com um homem de negócios parisiense ou um psiquiatra búlgaro. No tribunal, em seu terno cinza com um alfinete da bandeira americana na lapela, e com seu sotaque do Queens, ele desempenha com perfeição o papel de promotor público assistente do distrito (ele é também chefe do Departamento de Homicídios da Polícia do Queens). A segunda cadeira da mesa da promotoria estava ocupada por Donna Aldea, uma bela e jovem promotora assistente com um sorriso abrasador e mente de aço, que vem da divisão de apelação. Leventhal contava com ela para apresentar argumentos jurídicos irrespondíveis perante o juiz.

2.

Em suas declarações iniciais, Leventhal, diante do júri e falando sem consultar anotações, montou a cena do assassinato — que ocorreu em 28 de outubro de 2007 — à maneira de um thriller antigo:

> Era uma manhã de outono clara, ensolarada, revigorante, e naquela manhã revigorante um homem jovem, um jovem ortodontista que atendia pelo nome de Daniel Malakov, estava caminhando pela rua 64, no bairro de Forest Hills do condado de Queens, a poucos quilômetros de onde estamos agora. Com ele estava sua menininha, sua filha de quatro anos, Michelle.

Malakov, continuou Leventhal, havia deixado seu consultório, cheio de pacientes à espera, e fora levar a criança a um playground, a uma quadra de distância, para a visita de um dia da mãe, "sua ex-esposa" Mazoltuv Borukhova. Então, "enquanto Daniel estava do lado de fora do playground Annadale, a pouca distância da entrada para o parque, a poucos metros de onde estava sua filhinha, este réu, Mikhail Mallayev, veio como que do nada. Na mão, trazia uma pistola carregada e pronta para ser usada". Quando pronunciou as palavras "este réu", Leventhal estendeu dramaticamente o braço e apontou no outro lado da sala para um homem atarracado na casa dos cinquenta anos, com barba grisalha e pesadas sobrancelhas escuras, óculos de aros de metal e um solidéu, sentado impassivelmente à mesa da defesa. Leventhal passou a descrever como Mallayev atirara no peito e nas costas de Malakov, e, enquanto o ortodontista "jazia no chão morrendo, com o sangue que escorria de suas feridas e empapava sua roupa e se infiltrava no cimento, este homem, o réu, que acabou com a vida de Daniel, calma e friamente pegou a arma, enfiou-a no casaco, deu as costas e subiu a rua 64, na direção da rua 102, e fugiu do local". Com as mãos estendidas e agitadas, Leventhal perguntou ao júri:

> Por quê? Por que este réu ficaria à espera de uma vítima desprevenida e inocente? Um homem, provarei a vocês, que ele nem sequer conhecia pessoalmente. Por que ele ficaria à espera, com o mal em seu coração?

Leventhal respondeu à pergunta:

> Porque foi contratado para fazê-lo. Foi pago para fazer isso. Ele é um assassino. Um assassino pago. Um executor. Um assassino de aluguel. A serviço de quem? Quem contrataria este homem, este réu, para matar a sangue-frio uma vítima inocente na presença de sua própria filha? Quem poderia ter sentimentos tão intensos em relação a Daniel Malakov que contrataria um assassino para acabar com a vida dele? Quem?

Leventhal caminhou em direção à mesa da defesa e, de novo, ergueu o braço e apontou — dessa vez para Borukhova. "Ela",

Leventhal disse, com a voz chegando ao tom mais agudo. "A ré Mazoltuv Borukhova, ex-esposa de Daniel Malakov. A mulher com quem ele esteve envolvido em um processo de divórcio acalorado, contencioso e amargo durante anos."

Leventhal falou por mais cinquenta minutos, com o encantamento de sua narrativa ocasionalmente rompido por objeções dos advogados oponentes, mas sempre restaurado pelo poder de sua exposição. A maioria das objeções foi rejeitada pelo juiz, que disse várias vezes ao júri: "O que eles dizem nas declarações iniciais não constitui prova".

O que eles dizem nas declarações iniciais é decisivo, obviamente. Se entendermos que um julgamento é uma disputa entre narrativas concorrentes, podemos perceber a importância da primeira aparição dos narradores. A impressão que causam no júri é indelével. Um advogado que aborrece e irrita o júri durante seu discurso de abertura, não importa as provas que possa apresentar mais tarde, arrisca fatalmente sua defesa.

Leventhal foi seguido por Siff, que aborreceu e irritou o júri a tal ponto que um jurado jovem levantou a mão e pediu para ir ao banheiro. Siff, ingenuamente, começou elogiando Leventhal por seu desempenho: "Excelente apresentação do promotor. Excelente advogado de acusação". E: "O senhor Leventhal fez um trabalho formidável. Estou sentado, olhando para minhas anotações, e fiquei impressionado com o fato de ele ter sido capaz de desfiar tudo aquilo sem um papel". Siff continuou com um discurso confuso e cheio de meandros sobre a "presunção de inocência" em que "meu cliente está envolvido", que só serviu para ressaltar a probabilidade de culpa de Mallayev. A segunda cadeira da defesa estava ocupada por Michael Anastasiou, um advogado afável e de modos corteses na sala de audiências, mas que participou minimamente do processo.

A má sorte de Scaring culminou com o sorteio de Robert Hanophy para juiz do caso. Não ocorreram muitas absolvições em julgamentos presididos por Hanophy. Em um artigo de 2005, um repórter do *Daily News* chamado Bob Port escreveu que Hanophy é conhecido como *Hang 'em* [Forca neles] e "acredita-se que ele mandou para a prisão mais assassinos que qualquer outro juiz nos Estados Unidos". "Não tenho outra coisa senão homicídios", disse Hanophy a Port. "Isso é tudo o que julgo. Gosto do que faço. Adoro fazer isso." Scaring pedira a Hanophy que se abstivesse do caso porque ele tinha um filho e uma filha que trabalhavam no escritório da Promotoria, o que o inclinaria a favor da acusação. Ele também pediu um julgamento separado para Borukhova. O juiz enforcador recusou os dois pedidos.

Hanophy é um homem de 74 anos, corpulento, com uma cabeça pequena e a maneira falsamente cordial que os pequenos tiranos americanos cultivam. De seu estrado, ele tem a visão de todo o tribunal e de cada espectador, bem como de todos os atores do drama que está sendo encenado sob sua direção. "Você aí de boné", ele ergue a voz para falar com um espectador. "Tire isso. Não é permitido usar boné aqui." Em 1997, Hanophy foi censurado pela Comissão de Conduta Judicial do Estado de Nova York por fazer "observações indignas, descorteses e depreciativas" e ser "mesquinho" e "injurioso" durante uma sentença. As observações não se dirigiam à acusada — uma patética jovem inglesa chamada Caroline Beale que dezoito meses antes havia matado o bebê a que dera à luz sozinha em um quarto de hotel de Manhattan —, mas à nação britânica.

Beale estava obviamente enlouquecida quando enfiou o recém-nascido em um saco plástico e depois tentou tirar o cadáver do país, escondido sob suas roupas. Mas, ao ser presa no aeroporto, ela não foi enviada para um hospital psiquiátrico. Foi acusada de assassinato e mantida na prisão da ilha Rikers durante oito meses. A intervenção de um advogado irlandês-americano chamado Michael Dowd acabou finalmente com o calvário da garota louca. Dowd negociou um acordo pelo qual ela admitiria a culpa e receberia uma sentença de cinco anos em liberdade condicional, oito meses de prisão (já cumpridos) e um ano de tratamento psiquiátrico. Três dias antes da sentença, os pais de Beale manifestaram indignação quanto ao tratamento que a filha mentalmente doente recebera no país, chamando de "medieval" o sistema americano de justiça. Seus comentários foram amplamente divulgados pela imprensa. Na sentença, Hanophy contra-atacou — e meio que enlouqueceu. Ele leu uma declaração em que caracterizava o direito britânico como "primitivo e incivilizado", pois "concede uma isenção geral de processo judicial ou punição para as pessoas que matam seus filhos, quando estes têm menos de um ano de idade". Caracterizava a Inglaterra como "um grande país que condenou um número elevado de pessoas com base no falso depoimento de sua polícia, e permitiu que passassem quinze ou dezessete anos na prisão. Fizeram de tudo para que elas permanecessem lá, mesmo quando sabiam, ou deveriam saber, que o lugar delas não era aquele". Essa declaração notável — que não tinha nada a ver com o caso Beale, e veio do fato de Hanophy ter visto o filme *Em nome do pai*, sobre a condenação injusta de três irlandeses e uma inglesa por um atentado terrorista — é um exemplo do que os juízes acham que podem fazer em suas salas de tribunal. O poder absoluto de que gozam corrói a falta de confiança em si mesmos de que dependemos para nos manter mais ou menos na linha. Hanophy ultrapassou demais os limites (ainda por cima, não resistiu a chamar o pai de Beale de "o sujeito que fala mais do que deve"), e levou uma reprimenda da Comissão de Conduta Judicial. Mas não há razão para pensar que as palavras duras dos comissários tiveram algum efeito sobre o estilo de Hanophy no tribunal. Um documento de censura não tem consequências. O poder de Hanophy permanece inalterado e ele continua a exercê-lo com evidente prazer, e sem nenhum sinal de dúvida.

3.

O comportamento de Scaring no tribunal é discreto, polido e tem certo toque de altivez. Ele usa o costumeiro terno listrado dos advogados, mas, quando se levanta para interrogar uma testemunha, não abotoa o paletó como fazem os advogados na televisão (e como Siff faz). Scaring se move com facilidade elegante e fala com uma voz suave, benigna — até que, durante um interrogatório, assume o inevitável tom acusatório. Então, permite que sua voz se levante e assuma um tom desagradável. Em alguns pontos, seus cabelos pretos ficaram grisalhos e seu rosto moreno às vezes parece abatido. Tem um sorriso doce. Sua audição não é boa.

Scaring começou seu gentil, quase terno interrogatório de Borukhova com uma série de perguntas biográficas. As respostas estabeleceram que ela nascera no Uzbequistão, na antiga União Soviética, e vivera na cidade de Samarcanda, onde frequentara o colégio e depois a faculdade de medicina, da qual recebera um diploma de medicina geral e cirurgia aos 22 anos. Scaring não perguntou a Borukhova sobre sua religião. Os advogados são contadores de histórias que tentam manter sua narrativa em linha reta e limpa. A história da seita judaica bucarana, à qual pertenciam os acusados, a vítima e suas respectivas famílias, é exasperadoramente complexa e confusa.

A confusão começa com o nome. "Bucarano" refere-se tanto à antiga cidade de Bucara como ao emirado de Bucara que intermitentemente dominou uma grande região da Ásia Central entre os séculos XVI e XX. Consta que a expressão "judeus bucaranos" foi cunhada por viajantes europeus que estiveram no emirado no século XVI. Ninguém sabe realmente como, por que e quando esses misteriosos judeus chegaram à Ásia Central. Diz a lenda que descendem de uma das tribos perdidas de Israel, que nunca voltou do cativeiro babilônico no século VI a.C. As histórias da seita são relatos emaranhados de uma sobrevivência teimosa por mais de 2 mil anos sob domínio persa, mongol, árabe, imperial russo, e, por fim, russo-soviético. Assim como os judeus da Europa Oriental e da Espanha, os bucaranos foram impedidos de se dedicar à agricultura e se acotovelaram no comércio e no artesanato, nos quais se sobressaíram. A língua bukhori ou bucárica desenvolveu-se como um dialeto da língua tajik-persa e se transformou em uma mistura de persa, hebraico e russo. Na década de 1970, um grande número de judeus bucaranos emigrou para Israel e os Estados Unidos, e, depois da dissolução da União Soviética, quase todos os remanescentes na Ásia Central partiram para esses países. Hoje, há 100 mil deles em Israel e 60 mil nos Estados Unidos, onde a maioria mora nos bairros de Forest Hills e Rego Park, no Queens.

Durante o interrogatório de Scaring, Borukhova contou — em um inglês com sotaque e ligeiramente imperfeito — que viera para os Estados Unidos em 1997, estudara inglês durante um ano e então fizera os exames de certificação médica; depois de três anos de residência em um hospital no Brooklyn, em 2005 recebeu licença para praticar a medicina e, em 2006, tornou-se médica certificada. Scaring voltou-se então para o casamento de Borukhova com Daniel Malakov, em 2002, e perguntou: "Como era sua relação com seus sogros?".

"Havia um problema, para começar", respondeu ela.

"Qual era o problema?"

"Eles não queriam que nos casássemos."

Antes, seu sogro Khaika Malakov testemunhara para a acusação. Trata-se de um homem alto e vistosamente bonito de sessenta e tantos anos, que tem algo da emotividade indecorosa de um personagem de um conto de Isaac Bashevis Singer. Scaring, em seu pronunciamento de abertura, ao tentar desacreditar as acusações da família Malakov contra Borukhova no dia do assassinato, disse: "O pai de Daniel é um ator da comunidade. Vocês sabem o que os atores fazem — inventam coisas". Isso é um absurdo, obviamente: os atores simplesmente dizem suas falas, eles não as inventam. Era Scaring que estava inventando coisas. Se existe alguma profissão (além da de romancista) que se baseia em inventar coisas, é a de advogado de tribunal. Nos julgamentos, a "prova" é o fio a partir do qual os advogados tecem histórias de culpa ou inocência. Com o interrogatório de Borukhova, Scaring estava oferecendo uma alternativa para a história que Leventhal havia contado em sua abertura e depois recontado por intermédio do depoimento de suas testemunhas. Ele tomaria a mesma prova que, na narrativa de Leventhal, demonstrava a culpa de Borukhova e a utilizaria para demonstrar sua inocência.

A quarta semana do julgamento produzira uma ilustração fascinante da maleabilidade das provas processuais. Durante uma busca policial no apartamento de Borukhova, foi encontrada e apreendida uma fita de áudio. Era uma gravação truncada, fragmentária, quase inaudível, em um minicassete, de uma conversa entre Borukhova e Mallayev, falando em bucárico e russo. A conversa acontecera em maio de 2007, cinco meses antes do assassinato. A promotoria pedira que um tradutor do FBI chamado Mansur Alyadinov fizesse uma versão para o inglês, e o chamou ao tribunal para ler seu texto enquanto a fita era reproduzida. A conversa fora gravada por Borukhova dentro de um carro em movimento — secretamente, deduziu Alyadinov, quando ouviu o som de um pano sendo friccionado, o que significa que o microfone estava escondido sob as roupas. Mas o que estava sendo discutido não era uma trama de assassinato. A fita gravara uma dessas conversas irritantemente banais entre duas pessoas ao celular que ouvimos impotentes em trens e restaurantes. Os fragmentos do diálogo tedioso que se ouvia não tinham nenhuma relevância para o caso. Por que, então, Leventhal estava tocando a fita para o júri? O motivo ficou claro nas duas últimas frases. O tribunal despertou de repente de seu torpor quando ouviu Mallayev dizer a Borukhova: "Você vai me fazer feliz?". E Borukhova respondeu: "Sim".

Pode-se imaginar a felicidade do próprio tradutor quando ouviu essas frases — e a de Leventhal, quando as leu na transcrição. Duas interpretações se apresentam imediatamente, ambas condenatórias. A primeira é que Mallayev estava dormindo com Borukhova e perguntava sobre um encontro futuro. A segunda é que Mallayev estava falando sobre dinheiro: ela o faria feliz dando-lhe dinheiro para assassinar o marido? Em ambos os casos, o cenário parecia ruim para Borukhova. No entanto, quando Scaring interrogou Alyadinov, a coisa começou a parecer melhor. Essa é a ideia e a beleza do interrogatório. Um interrogatório bem-sucedido é como uma rodada de roleta que restaura uma fortuna perdida. Primeiro, citando uma tradução que Borukhova lhe dera, Scaring fez o tradutor do FBI admitir que, entre outros erros, ele omitira de seu texto as palavras em inglês "Dia das Mães", e que uma discussão desconcertante sobre uma "casa maluca" era na verdade uma conversa sobre a loucura em que se transformava o aeroporto no dia — Dia das Mães — em que Mallayev viajou de sua casa, em Chamblee, Geórgia, para Nova York. Depois, Scaring se concentrou na frase "Você vai me fazer feliz?". Na tradução de Borukhova, Mallayev dissera "Você está descendo?". O carro tinha chegado ao seu destino. Ele usara a palavra *padayesh* — que significa literalmente "Você está caindo?" — em um sentido idiomático, para perguntar se ela estava saindo do carro. Em vez de *padayesh*, o tradutor ouvira *obraduesh* ("Você vai me fazer feliz?"). O erro era compreensível: em uma fita muito difícil de ouvir, era fácil entender mal uma palavra. Mas o fato de o erro de audição ter favorecido tanto a acusação, de ter feito avançar tão bem a narrativa de uma associação desagradável, sugere que se tratava de um erro de audição deliberado — inconsciente talvez, mas mesmo assim deliberado. Passamos a vida ouvindo mal, vendo mal e entendendo mal para que as histórias que contamos a nós mesmos façam sentido. Os advogados levam essa tendência humana a um nível superior. Eles estão fazendo apostas mais altas que nós quando remendamos a realidade, a fim de transformar a história contada por um idiota em uma narrativa ordenada, que sirva aos nossos interesses.

4.

Uma semana antes de Scaring surpreender a todos ao convocar Borukhova para testemunhar, ele parou um jornalista chamado William Gorta no corredor do lado de fora da sala do tribunal e perguntou: "O que você acha? Devo pô-la no banco das testemunhas?".

Gorta respondeu: "Meu Deus, não!". Scaring lançou-lhe um olhar interrogativo e Gorta disse: "Se você chamá-la, Leventhal vai acabar com ela". Gorta, um ex-policial da cidade de Nova York que agora cobre os tribunais do Queens para o *New York Post*, era um dos cinco jornalistas que iam habitualmente ao julgamento e sentavam na primeira fila dos assentos para espectadores, que têm uma placa dizendo "Somente advogados", mas que a imprensa também pode ocupar. Os quatro outros jornalistas eram Nicole Bode, do *Daily News*, Anne Bernard, do *New York Times*, Ivan Pereira, do *Forest Hills Ledger*, e eu, representando a *New Yorker*. Hanophy estava ciente de nossa presença, assim como da de todas as outras pessoas e de tudo o que acontece na sala do tribunal, seu feudo. Os outros assentos para o público estavam ocupados, em grande parte, por membros das famílias dos acusados e da vítima, sentados em lados opostos do corredor, como se fosse um casamento, com o lado da noiva e o lado do noivo. O lado do noivo — atrás da mesa da promotoria e da bancada do júri — estava sempre bem cheio. Khaika Malakov não faltou um único dia, e vinha cercado por uma horda de parentes e amigos — a maioria homens —, cuja atmosfera de raiva e agressão fazia com que se quisesse fugir deles como de um enxame de vespas. Durante os recessos, essa horda ia para o corredor e se aglomerava em torno de Leventhal e, no dia de seus depoimentos, das testemunhas da polícia chamadas pelo promotor.

O lado da noiva era mais escassamente preenchido. Suas frequentadoras habituais eram Istat, a mãe de Borukhova, e as irmãs da ré, Sofya e Natella, que traziam livros de orações que liam para si mesmas. Enquanto a família Malakov gostava de falar com a imprensa diária, que a citou muitas vezes, a família Borukhova recusava todas as aproximações dos jornalistas. Sentavam-se protegidas por um muro de reticências e uma aura de arrogância e desdém. Às vezes, ganhavam a companhia do irmão de Borukhova, Shlomo, e, ocasionalmente, de um menino. As irmãs usavam saias até o chão e perucas bufantes de cabelos crespos. A mãe, magra e cansada, não tirava um casacão longo de cinto marrom e o chapéu de feltro. Durante o ano de audiências que antecedeu o julgamento houve alguns incidentes, com insultos lançados de um lado do corredor para o outro, mas, no momento do julgamento propriamente dito, as famílias foram mantidas em um silêncio mal-humorado pelas ameaças de Hanophy de expulsá-las da sala. Uma moça solitária sentava-se atrás da mãe e das irmãs de Borukhova: a filha de Mallayev, Maya.

Scaring fez suas perguntas cautelosas e gentis e Borukhova falou sobre sua separação de Daniel Malakov alguns meses depois do nascimento de Michelle, em 2003, seguida por duas tentativas de reconciliação e por uma separação definitiva em abril de 2005.

Ele perguntou a ela sobre a "disputa pela guarda" com Daniel e sobre a "transferência de custódia" que ocorrera seis dias antes do assassinato.

A disputa em relação à criança dera a Leventhal o motivo para o crime. No dia 3 de outubro, três semanas e meia antes do assassinato, um juiz da Suprema Corte estadual chamado Sidney Strauss proferiu uma decisão que, nas palavras de Leventhal, "sem intenção e inadvertidamente resultaria no assassinato de Daniel". Strauss decidiu que Michelle, de quatro anos — que passara toda a vida com a mãe —, deveria ir morar com o pai. Borukhova, atordoada, apresentou um recurso contra a decisão, que foi rejeitado; dezenove dias mais tarde, aconteceu a "transferência", dos braços da mãe para os do pai, de uma criança que gritava histericamente. "Se o destino de Daniel não tinha sido selado quando o juiz Strauss emitiu aquela decisão em 3 de outubro de 2007, ele foi certamente selado na noite de 22 de outubro de 2007", disse Leventhal em suas declarações iniciais. Sua narrativa tinha agora uma sustentação mítica. Era tão inevitável que Borukhova — "ela" — se vingasse de Daniel pela perda de Michelle quanto Clitemnestra se vingaria de Agamêmnon pela perda de Ifigênia.

Ao pôr Borukhova no banco das testemunhas, Scaring esperava desmantelar essa história. Ele convenceria o júri de que a jovem médica que respondia às suas perguntas com tamanha modéstia e sinceridade não poderia ser uma assassina. Sim, havia provas contra ela — as 91 chamadas de celular não podiam ser esquecidas —, mas tudo que se sabia sobre a vida e as pessoas clamava contra a ideia de que aquela mulher gentil e culta fosse a mentora de uma conspiração criminosa. Por meio de seu interrogatório, Scaring propunha transformar a assassina vingadora arquetípica de Leventhal em uma mamãe trabalhadora comum e perseguida. Os telefonemas seriam explicados. O "julgamento precipitado" da polícia apareceria como o erro que era.

A pedido de Scaring, Borukhova descreveu sua árdua rotina de médica plantonista em dois hospitais, Westchester Square e White Plains, onde trabalhava em turnos de 24 horas, e como membro do corpo clínico do hospital Forest Hills North Shore. Ela contou que às oito horas da noite anterior ao assassinato começara seu turno de 24 horas no White Plains, que, no entanto, devido a uma circunstância especial, ela conseguira terminar após doze horas. A circunstância especial era uma visita a Michelle que Malakov lhe concedera. Depois da noite no hospital, ela o encontraria no playground de Annadale e ele entregaria Michelle para uma visita de um dia inteiro. Foi montado um plano para atividades com as primas — as filhas das irmãs de Borukhova, Ludmila e Sofya. Mas não havia hora marcada para o encontro. "Meu marido não era pessoa de se limitar no tempo", disse Borukhova, e citou as quatro ou cinco chamadas de celular entre ela e Malakov feitas na hora anterior ao encontro no playground, culminando em um telefonema no qual Malakov diz: "Marina, estou vendo você", enquanto ele caminha em direção a ela na rua. (Marina era o nome usado pelos membros da família, em vez de Mazoltuv.)

Quando chegou a esse ponto da narrativa, Borukhova não aguentou. "Vá com calma, Marina", disse Scaring.

"Desculpem-me", disse Borukhova. Ela se recompôs e continuou: "Eu me ajoelhei e abri os braços e Michelle começou a correr". Ela continuou:

> Eu a peguei e balancei. Fiz dois balanços ou talvez três, e quando parei estávamos todos rindo. Estávamos todos tão felizes, e Daniel também. Ele estava... ele estava muito feliz com seu... com seu... não sei... sorriso radiante. E ele se aproximou e segurou os quadris e as pernas dela, e eu segurei a parte superior do corpo dela e os braços e o pescoço, e estávamos balançando juntos. [...] E nós estávamos balançando, e Michelle gosta do vento. Estávamos soprando o vento, fazendo "uhuu" no rosto dela, todos felizes e rindo.

Scaring perguntou: "O que vocês estavam dizendo, se é que estavam dizendo alguma coisa, enquanto faziam isso?".

Borukhova disse: "Não estávamos dizendo nada, nós ríamos e estávamos todos felizes".

"E então algo aconteceu?"

"Depois de muito tempo eu me sentia como parte de uma família novamente. Nós a balançávamos e ela estava muito feliz. Estávamos felizes. Estávamos todos rindo. E de repente eu senti um peso. Senti que não podia segurá-la." Malakov soltara as pernas e os quadris de Michelle, disse algumas palavras em russo (quando Borukhova começou a citá-las, Leventhal protestou e o juiz aceitou) e correu para a rua. "Ele está olhando para mim e eu olho para ele. Seu rosto está pálido e como que torturado, contorcido de dor. Eu estava olhando para ele e ele segurava o peito. [...] Eu vejo o sangue."

O que é mais notável no relato de Borukhova a respeito do assassinato é a ausência de som. Sua primeira percepção de que algo estava errado não foi o som de tiros, mas o peso sem sustentação da criança. Seu relato é como um filme mudo. Isso despertou imediatamente a suspeita da polícia. Quando um detetive "me perguntou se ouvi alguma coisa ou se vi alguém correndo, eu disse que não ouvi nada, não vi ninguém. E ele disse que as pessoas ouviram os tiros a três quadras e você estava bem ali e não escutou. Você tem de inventar uma história melhor". Borukhova nunca mudou sua estranha história. Ela sempre insistiu que nunca ouvira os tiros.

No banco das testemunhas, Borukhova continuou seu relato: "Não me lembro de todos os meus atos, mas me lembro de pegar Michelle e correr, e, enquanto corria, eu ainda estava olhando para ele". Ela viu Malakov cair no chão. Ela se viu em um banco no playground, perto dos balanços, segurando a criança nos braços. "Eu estava gritando e chorando, mas lembro da minha filha, ela segurou minha mão e disse: 'Mamãe, não chore.'" Borukhova deixou a criança no playground com uma mulher que ela conhecia e correu de volta para a rua a fim de tentar reanimar o homem cuja vida estava fugindo de suas mãos. Ela fez compressões torácicas e respiração boca a boca. Quando um policial chegou, Borukhova pediu equipamento médico de emergência — um ressuscitador manual e equipamentos para entubação — que ele não tinha. Ele a ajudou nas compressões torácicas. Quando uma equipe médica de emergência da polícia chegou, os socorristas a empurraram para o lado. Eles tinham o equipamento adequado, mas o usaram desajeitadamente. Ela assistiu impotente enquanto eles lutavam e não conseguiam entubar Malakov. "Deixem-me fazer isso, deixem-me fazer isso. Eu faço isso diariamente", ela disse. Por fim, eles permitiram que ela realizasse a entubação. Mas Malakov não reagiu, foi posto em uma maca e levado de ambulância para o vizinho North Shore Hospital, onde morreu. Borukhova começou a sentir dores no peito e náuseas e foi levada para o North Shore em outra ambulância. Ela achou que estava tendo um ataque cardíaco. Alguns dos parentes do marido já estavam no hospital. Estavam "gritando e me culpando". Sua cunhada Nalia "estava me acusando: 'Você o matou, você o matou, você o matou'". Borukhova foi levada para outra sala, onde um detetive chamado Ismet Hoxha a interrogou.

"Ele a acusou de matar seu marido?", perguntou Scaring.

"Sim, ele acusou."

"O que ele disse?"

Borukhova respondeu que Hoxha dissera: "Acharam o cara que matou seu marido", e que "eu deveria me precaver". Ela acrescentou: "Hoxha prometeu que, se eu cooperasse, ele falaria com o promotor e me daria um bom acordo".

Hoxha estava mentindo. O sujeito que matou o ortodontista e friamente pôs a arma no bolso ainda não havia sido encontrado.

Ele desaparecera, embora não completamente sem deixar vestígios. Deixara para trás um silenciador feito com uma garrafa de água sanitária, que fora colado na arma com fita-crepe, mas havia caído, expelido pelo primeiro tiro. A polícia comparou as impressões na fita com as digitais de Mikhail Mallayev, arquivadas na polícia de Nova York desde 1994, quando ele foi preso em uma estação de metrô de Manhattan por não pagar a passagem. Mas as impressões digitais só confirmaram o que a polícia já tinha contra Mallayev: o registro de seu celular com as chamadas de Borukhova. Através delas, ele foi rastreado até sua casa em Chamblee; foi preso lá e extraditado para o Queens. Para encerrar a questão, uma testemunha do tiroteio o identificou em uma sessão de reconhecimento. Mas demoraria meses para que esses triunfos da polícia viessem a ocorrer.

Quando escrevi que Hoxha estava mentindo ao dizer que o assassino havia sido encontrado, o fiz na pressuposição de que Borukhova estava dizendo a verdade quando o citou nesse sentido. Evidentemente, trata-se de uma pressuposição que eu não deveria ter feito. Hoxha talvez nunca tenha pronunciado essas palavras — Borukhova pode tê-las inventado. Se as testemunhas respeitassem o juramento de "dizer a verdade, toda a verdade, e nada além da verdade", não haveria as contradições entre os testemunhos que dão a um julgamento sua trama tensa e ao júri a tarefa de decidir em quem acreditar. Quando interrogou Hoxha, que prestou um longo depoimento para a acusação, Scaring disse asperamente, "no hospital, você a acusou de matar o marido, não é?", e Hoxha disse "não". Scaring prosseguiu: "Você disse 'se você admitir que matou seu marido, as coisas ficarão fáceis para você', não disse?". Hoxha negou novamente. Em quem acreditar, Hoxha ou Borukhova? *Padayesh* ou *obraduesh*?

5.

Durante a escolha dos jurados, para ilustrar a problemática do preconceito, Scaring apresentou um exemplo do beisebol: "Digamos que você torce para os Yankees ou para os Mets e eles estão jogando na World Series. É o nono *inning* e parece que poderia ser um *home run*, mas a bola chega muito perto da linha de falta. Você pode vê-la como válida ou pode vê-la como inválida — não porque você quer mentir, mas porque *é o que você quer*". Supõe-se que os jurados não devem querer alguma coisa. Eles devem acompanhar a partida entre os advogados em um estado de ausência de desejo. Sem torcida na sala do tribunal, por favor. Mas torcer está em nosso sangue: tomamos partido como respiramos. O processo de escolha dos jurados não é mais que o reconhecimento de que o ideal da neutralidade é inatingível, e de que a tendenciosidade é inevitável. É um jogo de adivinhação — cada advogado, enquanto questiona um possível jurado, tenta farejar suas inclinações. Um jurado que quer ser escolhido sabe escondê-las melhor. Ele foi advertido pelo juiz para ter "a mente aberta", ser "justo" e "objetivo", e mantém a boca fechada para não trair que não é nenhuma dessas coisas. Na escolha dos jurados do caso Mallayev-Borukhova, os escolhidos foram os mais lacônicos, aqueles que não disseram quase nada. O primeiro escolhido — que assim se tornou o primeiro jurado — foi um jovem chamado Christopher Fleming, que acabara de se formar no Siena College, com especialização em finanças. Suas respostas às perguntas do juiz, de Leventhal, de Scaring e de Siff foram exemplares. Ele se comportava como um discreto secretário de político, dissimulado mas polido, reservado mas respeitoso. Ambos os lados o aceitaram sem objeção, e ambos, evidentemente, tinham grandes esperanças de contar com sua predisposição.

Cada lado tem direito a certo número de impugnações peremptórias, pelas quais pode rejeitar jurados sem dar qualquer razão. Há também impugnações com causa. Nesse caso, são dados motivos para a rejeição: o jurado em potencial disse que não poderia ser neutro, depois de ler sobre o caso nos jornais, ou respondeu sim à pergunta "Você acha que os policiais são mais dignos de crédito do que os cidadãos comuns?". Se o juiz concede a impugnação com causa, o advogado contestador não utiliza uma de suas impugnações peremptórias. Em 1986, a própria impugnação peremptória foi impugnada, em um caso chamado *Batson vs. Kentucky*. Na escolha de jurados para o julgamento de um homem negro chamado James Kirkland Batson, acusado de arrombamento e roubo, o promotor usara suas impugnações peremptórias para rejeitar quatro jurados negros; foi escolhido um júri só de brancos e o réu foi condenado. O caso foi levado à Suprema Corte, que decidiu que a impugnação peremptória não poderia ser usada se o motivo não dado fosse manifestamente de raça. Em decisões posteriores, a regra foi estendida para gênero, etnia e religião.

Na escolha de jurados do caso Mallayev-Borukhova, a decisão Batson foi invocada três vezes por Scaring e duas por Leventhal. As duas primeiras tentativas de Scaring de convencer o juiz de que a acusação estava "tentando derrubar tantas mulheres quantas conseguisse" foram rejeitadas, mas a terceira teve sucesso. Hanophy admitiu que a impugnação peremptória de Leventhal de uma mulher jovem chamada Laurie Rosen revelava um padrão de discriminação contra as mulheres, e ela foi admitida no júri, para fúria de Leventhal e satisfação de Scaring — que, no entanto, teve vida curta. Rosen, que era fisioterapeuta de crianças portadoras de deficiência (e respondera, quando lhe pediram para citar seus hobbies, "esportes, culinária e conscientização do autismo"), voltou do almoço e implorou chorosamente que a deixassem sair; ela não percebera o que o isolamento significaria para seu trabalho noturno com crianças autistas. Leventhal e Scaring entraram em choque novamente, e dessa vez Hanophy ficou ao lado de Leventhal e liberou Rosen. "Essa seleção de jurados está infernal", ouviu-se o escrivão dizer a um funcionário do tribunal.

Era o quinto dia de escolha de jurados e vários assentos da bancada do júri ainda estavam vagos. Centenas de possíveis jurados haviam entrado no tribunal e a maioria foi embora depois que Hanophy anunciou que se tratava de um julgamento de cinco semanas com possível isolamento no final, e perguntou se isso seria uma dificuldade para alguém. Era uma dificuldade para quase todos, e Hanophy foi leniente com a maioria deles. Dentre aqueles cujas desculpas foram consideradas fracas encontrava-se um jovem professor de escola secundária que estava preparando alunos para um exame de nível avançado de história e economia europeias e achava que sua presença na escola era uma necessidade urgente. Como seu apelo direto ao juiz fracassou, o professor recorreu ao subterfúgio de responder às perguntas dos advogados com inteligência e sutileza tão flagrantes que não havia chance de ser selecionado. Leventhal impugnou-o e Scaring e Siff não se opuseram.

Depois de perder Rosen, Scaring teve de suportar o tormento de ver um sujeito chamado Stein sentado no júri. Quando Scaring usou sua última impugnação peremptória contra Stein, Leventhal replicou com a decisão Batson: ele disse que o advogado estava sistematicamente eliminando homens. Scaring lutou ferozmente para evitar que Stein fizesse parte do júri. Ele argumentou que impugnara Stein — um homem branco mais velho e corpulento de Floral Park que trabalhava para o Departamento de Transportes da Cidade de Nova York — não porque fosse homem, mas porque era o "Senhor Jurado da Acusação". Olhem para ele: "Seu cabelo tem corte perfeito, bigode, vem de um lugar conservador, trabalha para a cidade de Nova York". Scaring apontou para outros jurados brancos do sexo masculino (como Fleming) que não contestara. Mas o juiz apoiou Leventhal, e Stein ficou como segundo jurado suplente. Na manhã seguinte, na conferência privada com o juiz, Scaring fez uma última tentativa desesperada contra Stein. Disse que falara com uma empresa de consultoria de júri

> para me aconselhar sobre quais questões poderiam dizer respeito à escolha do júri, dado o fato de que minha cliente é uma imigrante russa, imigrante judia russa, que se veste de maneira diferente da maioria. Suas roupas, seu vestido. Vestidos longos, que vão até os pés. Ela tem os cabelos — embora presos em um coque agora — muito longos. Suas irmãs que provavelmente irão testemunhar usam perucas pois são casadas, e são perucas bem feias. Quer dizer, elas chamam a atenção. Elas também usam vestidos longos. Então, trata-se de uma comunidade judaica singular da Rússia. Minha firma de consultoria disse que eu deveria ser muito cauteloso com alemães.

Durante o longo colóquio que se seguiu entre Scaring e Hanophy (com uma discussão sobre se o fato de Floral Park ter uma grande população alemã e um famoso restaurante alemão chamado Koenig provava que Stein era alemão), o não dito acabou sendo dito. "Fazemos julgamentos baseados na aparência das pessoas", disse Scaring. E "a razão pela qual a ré tem um advogado experiente é porque um profissional qualificado tem percepção no que diz respeito ao tipo de jurado que será mais favorável a ela do que à acusação ou o contrário". Poucos dias antes, Leventhal, referindo-se a Borukhova, perguntara a um painel de possíveis jurados: "Alguém aqui acha que, pelo fato de ela ter um diploma de medicina, por ser uma mulher instruída, porque foi adiante e avançou por si mesma em sua formação, alguém aqui sente que isso terá impacto sobre sua capacidade de avaliar as provas neste caso?". Não houve resposta. Se eu estivesse naquele painel, teria, com toda a honestidade, levantado a mão. Mas, se eu tivesse escondido minha inclinação a favor das mulheres, Leventhal, depois de me olhar e me ouvir falar, teria, não obstante, me reconhecido como a Senhora Jurada de Defesa e me chutado para fora do júri o mais rápido que pudesse.

6.

    Meus colegas jornalistas eram feitos de matéria mais dura. Ivan Pereira, um homem muito jovem, de compleição leve e fala concisa, era um fervoroso torcedor do time da casa. Havia sido um dos primeiros jornalistas a chegar à cena do crime e escrevera sobre o caso no *Ledger* durante os 22 meses seguintes. Ele tinha um sentimento compreensível de propriedade em relação ao assassinato. Observara a polícia construir seu processo e não havia dúvida em sua cabeça sobre a culpa e o caráter desprezível dos réus. Gorta, um homem de barba, de cinquenta e tantos anos, que interpreta o papel do jornalista experiente a quem nada pode surpreender, e que é extremamente gentil, era um fã mais circunspecto da acusação. Durante os procedimentos legais, mascava chicletes e, quando não estava tomando notas, fazia palavras cruzadas. Nicole Bode, uma loira esbelta muito bonita, beirando os trinta anos, e também muito gentil, lia *Granta* quando não estava tomando notas, e também era silenciosamente a favor da acusação. Ela e Gorta mandavam matérias sucintas diárias para seus respectivos tabloides com manchetes levemente indecorosas

("Broca no dentista: caso de assassinato"). O tribunal era a rotina deles e, às vezes, tinham de sair correndo para um julgamento digno de noticiário em outro andar.

Anne Barnard, uma morena jovem e bonita, era a rainha da coorte dos repórteres. Enquanto as matérias de Gorta e Bode tinham de ocupar seu lugar modesto entre as histórias de homicídio a machadadas e escândalo sexual do *News* e do *Post*, e as de Pereira, entre as reportagens sobre mudança de zoneamento para o *Ledger*, os artigos de Barnard tinham pouca ou nenhuma concorrência no *Times*; sua matéria era quase sempre a única do dia sobre julgamento de assassinato. O mais invejável é que concediam a Barnard o espaço que, para a frustração dos outros, lhes faltava para transmitir a sensação dos pequenos movimentos que moviam o julgamento. O *Times* tinha começado a cobrir o caso um ano antes de ele ser designado a Barnard; a conexão com os judeus bucaranos distinguia-o evidentemente do assassinato comum e sórdido que o *Times* deixa para os tabloides. "Médica é acusada de homicídio, e seu povo tem de aguentar a vergonha" foi a manchete de uma matéria do *Times* de 17 de fevereiro de 2008. A repórter Cara Buckley fora à comunidade judaica bucarana e entrevistara pessoas na rua, bem como familiares da vítima e da ré. ("Não sei dizer por que isso aconteceu. Agora, os bucaranos estão mergulhados na vergonha, pela primeira vez.") Barnard, que fala russo, continuou a explorar o veio bucarano em sua primeira matéria, de 9 de fevereiro de 2009 ("Enquanto um deles é julgado por assassinato, bucaranos debatem a perda dos velhos costumes."), mas, à medida que o julgamento avançava, sua atenção começou a mudar das fofocas da rua 108 em Forest Hills para os personagens na sala do tribunal. Fosse para refletir a grandeza do *Times* ou por obediência a um código pessoal, Barnard se vestia diferente de nós. Ela usava saias e vestidos interessantes e bonitos, em contraste com os jeans, veludos côtelés e suéteres que Gorta,

Bode, Pereira e eu usávamos. Suas matérias aguçadas sobre o julgamento eram tão agradáveis quanto suas roupas elegantes; saber que o juiz Hanophy ficaria irritado com elas não era o menor dos prazeres que elas nos causavam.

Costuma-se pensar que os jornalistas são competitivos e, às vezes, são mesmo, mas o sentimento principal entre eles é fraternal. Os jornalistas se amam como se fossem membros de uma família — no caso deles, uma espécie de família criminosa. Em *Democracia na América*, Alexis de Tocqueville disse que os jornalistas americanos são pessoas de "status social baixo, [cuja] educação é apenas superficial, e [cujos] pensamentos muitas vezes se expressam de forma vulgar". E continuava observando que "a marca registrada do jornalista americano é um ataque direto e grosseiro, sem sutilezas, às paixões de seus leitores; ele desconsidera princípios para invadir as pessoas, seguindo-as em suas vidas privadas e pondo a nu suas fraquezas e seus vícios". Ao longo do tempo, o status social e o nível de educação dos jornalistas aumentaram, e alguns deles escrevem extremamente bem. Mas a profissão mantém sua transgressividade. A fragilidade humana continua a ser a moeda de seu comércio. A malignidade continua sendo seu impulso animador. Um julgamento oferece oportunidades únicas para a crueldade jornalística. Quando as palavras malignas, muitas vezes caluniosas de advogados em luta são retiradas do contexto acalorado do julgamento e impressas em tipos frios, uma tortura nova e mais requintada é sofrida pelo objeto de abuso deles — que fica então exposto ao abuso do mundo. Os jornalistas que comparecem juntos a um longo julgamento desenvolvem uma camaradagem especial nascida de um bom humor compartilhado: suas matérias estão sendo escritas por si mesmas; eles precisam apenas colher as frutas mais baixas das terríveis narrativas dos advogados. Podem ficar sentados e apreciar o show.

A convite dos simpáticos Gorta e Bode, às vezes eu almoçava com eles na sala de imprensa, no primeiro andar do tribunal, de onde eles enviavam suas matérias; o lugar tinha um simpático ar de bagunça — poderia ter servido de cenário para uma comédia de 1930 sobre repórteres de jornal —, mobiliado com móveis de escritório velhos e desemparelhados e arquivos de metal enferrujados, coberto de jornais, copos de papel e detritos de anos de ocupação transitória. Bode e Gorta comiam lado a lado, junto a um par de computadores anacrônicos, conversando enquanto digitavam, e eu abria espaço para meu sanduíche em uma mesa sem uso coberta com exemplares amarelados do *Post* e do *News*. Quando não estavam em seus escritórios fora do tribunal, Barnard e Pereira também se reuniam naquela sala.

Mas certa vez, quando chegou a hora do almoço, me vi andando na direção de um banco, em um corredor à saída do saguão do tribunal, onde esperei por uma mulher chamada Alla Lupyan-Grafman. Ela era uma falante de russo que ficava à mesa da defesa durante o julgamento, na qualidade de intérprete nomeada pelo tribunal para os réus. Ambos os réus falavam inglês — Borukhova, em particular, não tinha necessidade de intérprete —, mas o tribunal fizera a nomeação por cautela, para garantir que nenhum problema de linguagem interferisse no suave zumbido das rodas da justiça. Alla era uma mulher esbelta, vestida com elegância, excepcionalmente amistosa, de quarenta e tantos anos, com uma juba de cabelos loiros prateados e encaracolados, com quem, no final do julgamento, todos os advogados, funcionários do tribunal, jornalistas e mesmo alguns espectadores trocavam abraços calorosos. Ela também era imigrante da ex-União Soviética, mas não bucarana: era judia asquenaze de Minsk.

Durante o almoço, Alla falou sobre a xenofobia dos primeiros imigrantes judeus russos em relação aos recém-chegados da Ásia Central e citou algumas das caracterizações mais extravagantemente estereotipadas: os bucaranos eram alienígenas e não totalmente civilizados — gente selvagem, tribal, capaz de violência, até de assassinato. Eram judeus, mas não judeus apropriados, estavam mais para muçulmanos que para judeus. Tinham hábitos de vida sujos — as coisas ficavam espalhadas em seus jardins. Por outro lado, alguns deles eram misteriosa e sinistramente ricos, e construíam mansões vistosas e de mau gosto que não tinham lugar na despretensiosa e acolhedora Forest Hills.

Alla tinha uma reclamação especial em relação aos bucaranos, de caráter linguístico. Ela disse que a geração mais velha nunca aprendera russo corretamente, embora fosse a língua oficial no regime soviético. Quando Khaika Malakov testemunhou — com um intérprete traduzindo simultaneamente —, ela criticou muito seu russo. Mas não censurou o russo de Borukhova — e simpatizava com ela. Ela e eu oferecemos uma à outra os sanduíches e as frutas que havíamos trazido de casa, e debatemos o enigma do caso: não parecia possível que Borukhova tivesse feito aquilo, mas era provável que tivesse.

7.

Tribunais são templos de espera. Aqueles de nós que iam diariamente ao teatro do julgamento Mallayev-Borukhova aprenderam que a subida do pano às 9h30 não significava nada, só anunciava uma espera de pelo menos uma hora. O elenco completo de personagens — os advogados, os réus, as testemunhas, a estenógrafa do tribunal, o intérprete e o juiz — nunca se reunia na hora designada. Somente os factótuns da casa — o escrivão, o assistente do juiz e cinco ou seis policiais armados — chegavam a tempo e ocupavam calmamente o palco; os funcionários remexiam em papéis empilhados em suas mesas e atendiam telefonemas, e os policiais se encostavam nas paredes, bebiam garrafas d'água e brincavam uns com os outros. Os espectadores que ainda não haviam aprendido a avaliar a hora que poderiam chegar sem perder um lugar desejável, e que se arrependiam de sua pontualidade, os observavam atentamente, em busca de sinais de alerta.

Um advogado era, às vezes, a causa do atraso, mas com mais frequência era a chegada tardia de um ou de ambos os réus, mantidos em prisões separadas na ilha Rikers e levados para o tribunal em vans separadas. Quando a notícia da chegada dos réus era de alguma forma comunicada — nunca fui rápida o suficiente para ver como isso acontecia —, o foco da atenção dos espectadores voltava-se para uma porta de madeira trancada, à esquerda da mesa da defesa. Policiais e advogados entravam e saíam por ela, em um minucioso ritual de abertura e fechamento. Por fim, depois que os advogados entravam pela última vez e tomavam seus lugares à mesa da defesa, e que o juiz subia em seu estrado, os acusados chegavam à sala do tribunal. Havia sempre algo de chocante nessa entrada. Nunca me acostumei a ela. A porta de madeira se abria de repente e Mallayev e Borukhova, algemados às costas e ladeados por policiais armados, que os seguravam pelo braço, entravam em fila no tribunal. Parecia que os réus estavam sendo arrastados, embora isso pudesse ser uma ilusão produzida pelo fato de estarem algemados. A sensação de brutalidade só diminuía depois que os policiais removiam as algemas e os réus tomavam seus assentos junto à mesa da defesa. Durante a retirada das algemas, Borukhova sempre olhava por cima do ombro direito; Mallayev olhava direto para a frente. Os policiais retiravam os livros de oração que ambos os réus seguravam em suas mãos algemadas, abriam e removiam as algemas, e depois devolviam os livros para seus proprietários. No breve intervalo entre a remoção das algemas e a devolução do livro de orações, Borukhova fazia o pequeno e econômico gesto de beijar a mão para as irmãs e a mãe. Durante o julgamento, perguntei-me muitas vezes sobre as condições nas prisões para as quais Mallayev e Borukhova voltavam depois dos procedimentos do dia; quando o julgamento terminou, fui à ilha Rikers para ver as celas em que haviam vivido — por treze meses, no caso de Borukhova, e dezoito meses, no de Mallayev. Minha visita só confirmou o vazio do conceito de presunção de inocência.

8.

No caminho para me encontrar com Alla, passei pela mãe e as irmãs de Borukhova, que também almoçavam naquele corredor. Eu as cumprimentei e elas me retribuíram com um aceno de cabeça. Haviam recusado meu pedido de entrevista, mas um dia encontrei coragem para abordá-las novamente e tocar em um assunto que eu sabia que devia ser caro aos seus corações: a inanição de Borukhova. Desde sua prisão, por causa de suas rigorosas regras alimentares religiosas, ela praticamente parara de comer e perdera uma quantidade enorme de peso. Ela recusava a comida da prisão e estava vivendo à base de *matzos* e manteiga de amendoim da cantina. Durante as audiências prévias, Scaring pediu a Hanophy que o julgamento fosse realizado o quanto antes devido à perda contínua de peso da ré (o pedido foi negado), e agora ele pedia repetidamente que trouxessem para a sala do tribunal alimentos que ela pudesse comer; trouxeram algumas frutas, mas Borukhova continuava a morrer de fome. As irmãs responderam brevemente às minhas perguntas, enquanto a mãe, que não fala inglês, observava. As irmãs disseram que, embora alimentos kosher estivessem disponíveis na ilha Rikers, eles não tinham um nível suficientemente alto de *kashruth* para sua irmã comer. Perguntei se elas podiam levar-lhe a comida kosher correta; disseram que queriam, mas não lhes tinham dado permissão. Falaram com relutância e cautela. A irmã mais velha, Natella Natanova, tinha motivos para tomar cuidado com suas palavras. Um ano antes, havia sido presa por ameaçar Gavriel Malakov, o filho mais novo da família Malakov. Ele a acusou de dizer: "Você sabe, se você falar, será o próximo a ir embora". Libertada por uma fiança de 75 mil dólares, ela foi julgada e, no final, absolvida das acusações de coação e intimidação de testemunha. O julgamento ocorreu em julho de 2008, na Suprema Corte do Queens, e Brad Leventhal era o promotor. As irmãs estavam ansiosas para encerrar a conversa comigo e eu não insisti. A mãe sorriu para mim uma vez, e notei que seus dentes da frente eram de ouro.

9.

Borukhova ocupou o banco das testemunhas no meio da tarde, e, depois de interrogá-la por duas horas e meia, Scaring olhou para Hanophy e disse: "Excelência, seria este um momento apropriado para um recesso?".

"Não", respondeu o juiz.

Scaring insistiu. "Estou um pouco cansado e receio que o júri possa estar um pouco enfastiado também. É uma testemunha importante para mim."

"Eles estão bem", disse Hanophy.

"Como assim?"

"Eles estão bem. Eles costumam levantar a mão se querem alguma coisa."

"Se levantassem a mão, então poderíamos sair?"

"Não, não. Deixe disso. Vamos continuar."

Eu estava sentada ao lado de Billy Gorta e lhe perguntei por que o juiz não tinha concedido o pedido de Scaring. "O juiz está de mau humor", disse Gorta. "Ele achava que os sumários seriam amanhã. Agora isso pode levar dias." O ritmo do julgamento havia acelerado. O horário de almoço e as pausas eram mais curtos, a espera no início do dia era menos interminável, e, o que era mais visível e significativo, os pedidos dos advogados para conferências *sidebar* [privadas], que haviam sido concedidos quase invariavelmente nos primeiros dias do julgamento, eram agora sempre rejeitados.

"*Sidebar*" refere-se à área abaixo e ao lado do banco do juiz — a mais distante da bancada do júri, onde os advogados de ambos os lados se reúnem depois que um deles recebe um sim à pergunta: "Posso me aproximar, excelência?". A conferência *sidebar* é uma forma de "não na frente das crianças". As crianças (os jurados e espectadores) ficam fora do alcance da audição, para que os adultos (os advogados e o juiz) possam falar de coisas que seus pupilos não devem ouvir. No entanto, as palavras pronunciadas a meia-voz pelos advogados não se perdem para a posteridade, mas se tornam parte — muitas vezes uma parte muito interessante — da transcrição do julgamento. Na conferência privada, os advogados saem dos papéis que estavam desempenhando na audiência pública e se comportam como atores que repassam com o diretor os detalhes do desempenho de uma noite, apontando os lapsos uns dos outros, pedindo uma melhor direção e, às vezes, até propondo que a peça seja suspensa — ou seja, que o julgamento seja anulado.

Em 17 de fevereiro, por exemplo, durante uma longa conversa em particular, anterior ao testemunho de William Bieniek, o especialista em impressões digitais da promotoria, Siff reclamou quase em lágrimas do tratamento que o juiz lhe dispensara durante seu interrogatório de uma testemunha de acusação no dia anterior. A transcrição diz:

> Sr. Siff: [...] Houve uma série lamentável de diálogos entre mim e o senhor, diante do júri, que creio que tenha sido extremamente

prejudicial e altamente danosa para a defesa. O júri, como todos vimos, admira e respeita sua excelência. Quando o senhor fala com eles...

O Tribunal: E com razão.

Sr. Siff: Com certeza. Eles sorriem, são comunicativos com o senhor. Vimos seus rostos e suas reações quando o senhor se dirige a eles, e então há este perigo agora, que resultou no fato de que o senhor está me repreendendo em frente do júri.

O Tribunal: Eu nunca repreendi você. Eu não repreendi você.

Sr. Siff: Bem, é por isso...

O Tribunal: Se alguém faz objeção a uma coisa e eu a aceito, isso dificilmente é repreensão.

Sr. Siff: Acredito que foi mais longe do que isso. Chegou ao ponto em que o senhor Scaring teve de pedir uma *sidebar*.

No entanto, poucos dias depois, quando conversei com Siff — sujeito simpático de seus quarenta e poucos anos, casado com uma policial aposentada de Nova York e que tem dois filhos —, ele só tinha elogios para Hanophy. "Embora eu não concorde com todas as suas decisões, acho que ele é um excelente juiz. Eu o conheço há muitos e muitos anos. Conheço sua família há muitos anos. Acho que ele é justo. É um homem bom. Um cavalheiro, um homem amável, engraçado. A única coisa que vejo de errado nele é ser torcedor dos Jets." Siff me contou que Hanophy o escolhera a dedo para defender Mallayev. Normalmente, os advogados da Defensoria Pública são selecionados por rotação, mas neste caso "ele realmente me procurou e me chamou, perguntou-me se eu queria este caso. Eu disse que tudo bem".

Enquanto Siff interrogava o perito em impressões digitais, Scaring pediu novamente uma conferência privada. O juiz ainda estava pondo Siff em seu lugar. Quando o pedido foi concedido, Scaring disse: "O senhor Siff está fazendo perguntas repetidas vezes às quais sua excelência tem mantido as objeções. O júri está ficando muito indisposto. Estou observando o júri". Porém, a preocupação de Scaring não era tanto as suscetibilidades de seu colega humilhado quanto a probabilidade de que "o júri vá confundir nós dois". Ele continuou, de forma um pouco incoerente, embora o significado do que queria dizer estivesse bem claro:

> Acho difícil, mesmo para mim, levantar questões em relação a esse testemunho, pois não quero ser confundido com a insatisfação com que o júri está vendo o advogado de defesa. [...] Não quero ser visto como parte do que parece ser conduta obstrucionista do senhor Siff diante do júri. Gostaria de pedir, excelência, respeitosamente, a anulação do julgamento, para que eu possa tentar expor meus argumentos de defesa.

É claro que o pedido de Scaring para anular o julgamento não deu em nada: o juiz simplesmente o negou. No interrogatório de Bieniek, o desempenho de Siff foi, na verdade, melhor do que havia sido até então no julgamento. Havia muito em jogo ali. Se o perito convencesse o júri de que as impressões digitais no silenciador eram indiscutivelmente de Mallayev, então não haveria esperança para o cliente de Siff — ou, por extensão, de Scaring. A tarefa de Siff era tentar desacreditar Bieniek, e ele trabalhou valentemente nesse sentido, contestando suas credenciais, lançando dúvidas sobre sua objetividade, e, o mais interessante, atacando toda a "ciência" da análise de impressões digitais. Ele não é o único a fazer isso: ao longo da história dessa técnica policial, ocorreram casos de identificação errada e, à luz delas, houve críticas à sua pretensão de infalibilidade. Nos últimos anos, depois do caso escandaloso de um advogado do Oregon chamado Brandon Mayfield, que foi preso por envolvimento no atentado terrorista de Madri de 2004 porque suas impressões digitais pareciam coincidir com as impressões latentes encontradas em um saco de detonadores que estava perto do ataque — e no final não coincidiam em nada —, essas críticas aumentaram e foram recentemente recapituladas em um relatório do Conselho Nacional de Pesquisa, segundo o qual todas as técnicas forenses (exceto a análise de DNA) carecem de rigor científico.

Desse modo, Siff tinha algumas cartas excelentes para jogar durante o interrogatório de Bieniek — porém, não conseguiu jogá-las. Sempre que fazia a Bieniek uma pergunta sobre o caso Mayfield ou outros casos registrados de erros de identificação, Leventhal objetava e Hanophy sustentava a acusação. Chegou a um ponto em que Siff disse: "Você já ouviu falar sobre o caso...", e Leventhal objetou antes que o nome do caso fosse citado. Quando Siff protestou ("Eu nem sequer mencionei nada sobre a questão, excelência"), Hanophy disse: "Vai ser Curtis Mayfield, ou como é mesmo o nome do cara?". "Brandon Mayfield", disse Siff. "Ia ser este o nome?" "Não, não seria", disse Siff com dignidade, e citou outro caso de erro de identificação, que também não teve autorização para prosseguir.

Quando Scaring assumiu o interrogatório do perito de impressão digital, foi como a virada em uma *master class*, quando o mestre mostra como deve ser feito. Bieniek estava acostumado a testemunhar em julgamentos, e alguém lhe ensinara a técnica de olhar para o júri quando respondia às perguntas. Ele claramente fizera isso quando interrogado por Leventhal e Siff. Mas, quando chegou a vez de Scaring, ele olhou para o advogado como um rato olha para uma cobra. Scaring prendia não somente a atenção das testemunhas, mas também dos jurados, que passavam de um olhar embotado para a frente a um olhar vivo e interessado. Bieniek (com a ajuda do juiz) tinha acabado com Siff. Agora, ele se curvava à maestria de Scaring. Sua truculência transformou-se em obediência. Ele fez concessão atrás de concessão. Disse o que Scaring queria que ele dissesse. "Você concordaria que, quando faz um exame de impressões digitais latentes, você deve fazê-lo sem qualquer noção preconcebida a respeito de quem é a pessoa que supostamente cometeu o crime?", perguntou Scaring. "Sim, claro", respondeu Bieniek. Scaring então o confrontou com uma afirmativa anterior de que ele ouvira conversas sobre o caso em seu escritório e sabia que torres de telefonia celular estavam envolvidas.

> P: Não existe um relatório ou uma anotação que você fez que diga quando você recebeu essa informação, correto?
> R: Eu nunca recebi a informação, senhor.
> P: Bem, você acabou de nos dizer que recebeu...
> R: Eu ouvi a informação por alto.
> P: Bem, se ouviu por alto, você a recebeu, certo?
> R: Não.
> P: Bem, se você a ouviu por alto, estava ciente dela, certo? Sim?
> R: Vagamente.
> P: E se a informação contaminaria sua identificação, isso seria importante observar, correto? Sim? Sim?
> R: Não contaminaria meu exame.
> P: Não contaminaria?
> R: Não, pois eu não sabia do que se tratava.
> P: Bem, este caso estava em todos os jornais, não estava?
> R: Estava nos jornais, sim.
> P: Quer dizer, você estava trabalhando em um caso que estava na televisão, nos jornais — é verdade, não é? Certo?
> Sr. Leventhal: Excelência, vou fazer objeção a isso.

Evidentemente, não menos hipnotizado por Scaring que Bieniek, Hanophy não aceitou a objeção.

> O Tribunal: Eu vou permitir isso. Vá em frente. Você pode responder.
> P: Sim?

R: Sinto muito, você poderia...
P: Você está trabalhando em um caso que está na televisão, em todos os jornais, não é?
R: Isso é verdade.

Quando Brandon Mayfield foi preso em Portland, Oregon, em 6 de maio de 2004, todos os jornais noticiaram que suas impressões digitais correspondiam às impressões latentes no saco de detonadores em Madri e que, além disso, ele era um muçulmano convertido e defendera um terrorista chamado Jeffrey Leon Battle. Mayfield advogara em defesa de Battle em um caso de custódia, e não no julgamento criminal de 2002, que o levou a ser condenado a dezoito anos por sua participação em atividades terroristas — mas essa distinção não parecia importar. Em um depoimento juramentado de apoio à ordem de prisão para Mayfield, um agente federal chamado Richard K. Werder descrevia detalhadamente as conspirações contra a América que Battle e seus companheiros conspiradores Patrice Lumumba Ford, Ahmed Bilal, Muhammad Bilal e Maher Hawash confessaram no julgamento. Ele também citava organizações muçulmanas do Oregon, aparentemente sinistras, com as quais Mayfield estava associado. Tudo isso em cima da "identificação 100%" de suas impressões digitais feitas por um examinador de digitais sênior do FBI e verificadas por dois outros examinadores do órgão. As coisas não estavam boas para Mayfield. Parecia um caso de trabalho policial realizado com brilhantismo.

Quando Borukhova foi detida, em 8 de fevereiro de 2008, parecia um exemplo igualmente satisfatório de know-how da polícia. Em uma matéria publicada no dia 10 de fevereiro de 2008, na seção de cidades do *Times*, Al Baker celebrava o triunfo do Departamento de Polícia de Nova York:

Em um mundo onde nenhum caso é moleza — em que os ganhos investigativos são medidos pelas chamadas telefônicas feitas, pelas portas em que se bate e pelos passos necessários para vasculhar bairros — e onde muitas pistas levam a becos sem saída, as respostas à morte do doutor Malakov no Queens vieram em ondas de providência para a polícia. As migalhas investigativas pareciam se alinhar tão bem que não teriam dado nem mesmo um bom programa de TV.

Baker enumerava todos os detalhes que tinham levado à prisão, primeiro de Mallayev e depois de Borukhova, e passava a citar um detetive de polícia aposentado: "Era um castelo de cartas; é o que parece. Tudo o que os detetives fizeram deu certo. Tudo o que os maus fizeram, deu errado. E, quando a coisa começou a andar, caiu do jeito que deveria cair".

No caso de Mayfield, ela não caiu do jeito que deveria. A Polícia Nacional espanhola, que desde o início foi cética em relação à identificação de Mayfield, acabou por apresentar as impressões digitais de um argelino chamado Ouhnane Daoud, que eram as corretas. Mayfield foi libertado da prisão (onde fora mantido em confinamento solitário por duas semanas) com um pedido de desculpas e, por fim, uma indenização de 2 milhões de dólares por seu calvário. A analogia com o caso de Mallayev e Borukhova — para os quais não apareceu nenhum *deus ex machina* de impressões digitais salvadoras — está na questão da contaminação. Em ambos os casos, teriam sido fatos conhecidos sobre o dono das impressões digitais 100% correspondentes que influenciaram a decisão do identificador? Será que os examinadores do FBI escolheram as digitais de Mayfield em detrimento dos outros dezenove conjuntos de impressões apontadas por um computador — ao qual haviam pedido para encontrar impressões com os padrões de crista semelhantes aos das impressões latentes no saco de explosivos — porque sabiam que ele era um muçulmano com ligações com terroristas? Quando Bieniek olhou para as impressões de Mallayev através de sua lente de aumento, estaria ele pensando nas chamadas de telefone celular entre Mallayev e Borukhova que haviam posto Mallayev inicialmente sob suspeita? A matéria de Al Baker dá a impressão de que a polícia encontrou Mallayev através de suas impressões digitais. Mas não foi o caso. Devido às chamadas de telefone celular, Mallayev já era um suspeito quando as impressões digitais surgiram. A polícia tinha descoberto muita coisa sobre ele — por exemplo, que era parente de Borukhova por casamento e que talvez tivesse comparecido ao casamento Borukhova-Malakov. Na verdade, a polícia não escapara da labuta de ir de porta em porta, da qual Baker acreditava que ela fora providencialmente poupada. Eles haviam (como eu soube depois por intermédio de um membro da família Malakov) pacientemente interrogado os Malakov para saber os nomes de todos os convidados do sexo masculino presentes ao casamento, e para colher qualquer informação sobre eles.

No entanto, mesmo no momento em que obrigou Bieniek a admitir que, sim, ele sabia sobre as torres de celular e, sim, ele lera sobre o caso e vira reportagens na televisão, Scaring devia estar ciente da contracorrente que levava Mallayev para o mar, e Borukhova com ele. Se um perito diz que as impressões digitais combinam, quem ousará dizer que não, ainda que o gráfico que mostra supostamente pontos de correspondência entre uma impressão digital latente e uma com tinta — como o mostrado ao júri no julgamento de Mallayev e Borukhova — não revele nada ao olho não treinado? A compostura de Bieniek fora desmanchada por Scaring, mas a autoridade de seu testemunho tedioso e incompreensível permaneceu intacta quando ele deixou o banco das testemunhas e, ao passar pela bancada do júri, acenou adeus.

10.

A aparição, no banco das testemunhas, de um advogado magro e jovem chamado David Schnall marcou uma virada na narrativa da acusação; até então, ela havia girado em torno de Mallayev. As testemunhas de Leventhal tinham sido policiais, testemunhas oculares do tiroteio e criminologistas, cujos depoimentos estabeleceram a culpa do assassino de aluguel da Geórgia. Agora Leventhal podia cuidar da mulher malvada que contratara Mallayev. Por meio de Schnall, que se identificou como o tutor nomeado pela Justiça para Michelle Malakov, ele voltaria à origem do caso — a decisão do juiz Sidney Strauss que tinha levado Borukhova a apelar para seu recurso terrível — e daria uma resposta à questão de por que o juiz tirara a criança da mãe e a dera ao pai. Schnall introduziria e leria para registro as observações que Strauss fizera para justificar sua decisão.

Em uma conferência privada, Scaring lutou arduamente para impedir que essa leitura acontecesse. Ele disse que os promotores queriam "mostrar que outra pessoa determinou que ela é uma pessoa má". Hanophy decidiu contra ele. Mas, quando Schnall leu em voz alta as observações de Strauss, elas não fizeram de forma alguma Borukhova parecer uma pessoa má. Elas fizeram, isto sim, Strauss parecer petulante e irracional. É rotina dos tribunais retirar crianças de lares em que são negligenciadas, maltratadas, mal alimentadas, traumatizadas. Não conheço nenhum outro caso em que uma criança bem cuidada foi tirada da mãe porque sentava em seu colo durante as visitas supervisionadas de um pai ausente e se recusava a "estabelecer vínculos" com ele. Sim! Todo o motivo para a decisão radical de Strauss era sua irritação com Borukhova por "impedir Michelle de estabelecer um vínculo e fortalecer ainda mais o relacionamento com o pai" durante as visitas por ordem judicial em uma agência privada chamada Alternativas de Visitação, dirigida por assistentes sociais. "Previa-se que, através dos bons ofícios da Alternativas de Visitação, talvez pudesse ser criada uma atmosfera na qual o senhor Malakov poderia começar a passar algum tempo com a filha de quatro anos, sem qualquer interferência ou prepotência, ou, na falta de uma palavra melhor, asfixia dessa criança por sua mãe", disse Strauss, e passou a citar trechos do mais recente relatório da Alternativas de Visitação sobre como as visitas estavam acontecendo:

> O senhor Malakov saúda constantemente Michelle com tom e voz alegre, um sorriso, e tenta abraçá-la. Michelle não reage à intenção do senhor Malakov de se comunicar. Michelle não fala com o senhor Malakov nem faz qualquer contato visual com ele. Michelle agarra-se à mãe, que sempre carrega a filha para a visitação. Michelle muitas vezes enterra a cabeça no ombro da mãe e afasta seu corpo do senhor Malakov quando ele tenta envolvê-la. [...] Ela se agarra à mãe no início da visita e todas as tentativas de separá-la fracassaram. Michelle chora histericamente junto à mãe e se torna incapaz de ser consolada.

"Se alguma vez houve uma situação na mente deste tribunal em particular que clama por uma ação imediata, é esta, e aquela que acabo de descrever", concluiu Strauss. "Portanto, o tribunal hoje, sem uma audiência [...], determina que a custódia de Michelle seja entregue ao seu pai, Daniel Malakov, de imediato, se possível." Em outras palavras, a solução para o problema de uma criança que chora histericamente quando ameaçada de ser separada da mãe na presença do pai ausente é tirá-la da mãe e mandá-la viver com o pai! Pode-se imaginar o choque de Borukhova diante dessa decisão. Florence Fass, sua advogada — especialista em direito de família —, recorreu imediatamente, mas o tribunal de apelações manteve a decisão de Strauss. Borukhova não foi a única pessoa a ficar chocada com a decisão. Os assistentes sociais haviam recomendado que Borukhova se ausentasse da visita, para que Malakov pudesse "reconstruir sua relação com Michelle". Eles não haviam proposto a transferência de custódia. Tampouco Daniel ou sua família tinham pedido isso. Mas em 23 de outubro a transferência ocorreu de fato, no jardim da frente da casa de Khaika Malakov, onde Michelle foi arrancada dos braços de sua mãe e levada para dentro da casa, chorando.

Como esse pesadelo — o pesadelo de qualquer mãe — se tornara realidade? Que fadas malévolas haviam escrito seu roteiro surreal? Em outro procedimento judicial, Borukhova se identificara como "uma refugiada nos Estados Unidos. Eu vim pela liberdade de expressão e de religião e pelos direitos civis também". Que erros ela cometera para estar sob um controle estatal tão poderoso e arbitrário quanto o do antigo regime soviético? O que ela entendera mal sobre seu novo país? O que a pusera no desastrado caminho de Strauss e seu malfadado ataque de raiva?

No julgamento criminal, o conturbado casamento de Borukhova com Daniel Malakov foi esboçado com o mais leve dos lápis. Nenhum dos lados se aventurou no campo minado das acusações que Borukhova fizera contra Malakov, de violência física e abuso sexual infantil. Ele não estava em julgamento — ela estava. Ele estava morto e ela era acusada de matá-lo. Contudo, a partir de documentos do tribunal, podemos seguir o itinerário da viagem de Borukhova, da confusão misericordiosa da vida privada para a ordem impiedosa do sistema jurídico.

Borukhova e Malakov se casaram em novembro de 2001, Michelle nasceu em fevereiro de 2003 e eles se separaram em novembro, depois que ele disse a ela — como Borukhova relatou em vários documentos judiciais — para sair da casa ou "limpar o apartamento com minha língua". Ela pegou a criança e foi morar com a mãe, voltando para Malakov algumas vezes, mas então partiu para sempre depois que viu "o demandante beijar a genitália de Michelle na minha frente em duas ocasiões distintas". Na primeira ocasião, quando ela o enfrentou, "ele pediu desculpas, disse que era sua forma de demonstrar afeto e prometeu nunca mais fazer aquilo de novo". Na segunda vez, continuava Borukhova, Malakov "tornou-se fisicamente agressivo, socando-me na cabeça e no peito e me dizendo que, se eu chamasse a polícia, iria me arrepender e jamais veria de novo nossa filha". Em seu primeiro passo hesitante num sistema judicial que a engoliria, Borukhova chamou a polícia, mas recuou depois que Malakov foi preso; como muitas mulheres agredidas, ela não prestou queixa formal. Porém, em 24 de junho de 2005, citando novas agressões, ela solicitou e recebeu uma ordem temporária de proteção da Vara de Família do Queens, pela qual Daniel foi obrigado a ficar longe dela e de Michelle — caso contrário, ele estaria sujeito a procedimento criminal. Agora, ela cruzara a linha entre o privado e o público. Ela pedira ajuda ao Estado e o Estado lhe dera, mas, em troca de sua proteção, exigira um controle sobre uma parte de sua vida — a maternidade — que era tão firme quanto a ordem de "ficar longe" para Malakov. A partir de então, Michelle estaria sob os olhos da Justiça; suas relações com o pai seriam monitoradas pela Justiça. Borukhova recebeu uma ordem de levar Michelle para visitas a Malakov, supervisionadas por assistentes sociais que, por sua vez, eram obrigados a enviar relatórios à Vara de Família. Os documentos da vara não revelam o que realmente aconteceu entre Borukhova e Malakov durante a desintegração de seu casamento. Tais documentos são uma alegoria grosseira da má vontade, povoada por personagens unidimensionais desenhados com espalhafato. Mas alguma verdade vaza de cada documento legal, assim como acontece em tudo que é escrito ou dito. Um documento que conta uma verdade desconcertante sobre Borukhova é sua "reconvenção" ao processo de divórcio, baseado em abandono, movido por Malakov em abril de 2005. Nessa reconvenção, Borukhova exige pensão para a criança e manutenção do cônjuge, seguro-saúde, seguro de vida, ocupação do "apartamento marital", devolução de presentes de casamento e peças de mobiliário e pagamento de custas judiciais. Essas demandas a diminuem, põem sua autonomia em questão. Ela era uma médica profissional. Poderia ter feito o que fazem outras mulheres capazes que se divorciam e desejam evitar o envolvimento com um companheiro problemático: vão embora sem levar nada. Mas algo impeliu Borukhova — talvez suas antigas experiências de autoritarismo — a permanecer no jogo perigoso que poderia ter optado por não jogar.

Ela fez outra jogada imprudente em 2005. Apresentou depoimentos juramentados à Vara de Família de duas pessoas — uma vizinha chamada Judy Harrypersad e um porteiro de edifício chamado Damian Montero — que disseram ter visto Malakov molestar sexualmente Michelle no porão de seu prédio. Nas palavras majestosas do juiz da Vara de Família, Charles J. Heffernan Jr., em cuja mesa as queixas baixaram, "ambos os depoimentos juramentados afirmam que o declarante viu Daniel Malakov, o réu na matéria acima, realizar ou estar prestes a realizar grave má conduta dirigida à vagina de sua pequena filha". Malakov negou as acusações e, em novembro, Heffernan realizou uma audiência — chamada de audiência de integridade — sobre a veracidade delas. Na audiência, ambas as testemunhas desmentiram suas declarações e disseram que os depoimentos juramentados foram escritos pela irmã de Borukhova, Natella Natanova, que as intimidara a assiná-los. Sob interrogatório, as testemunhas arrependidas reconheceram que haviam recebido telefonemas ameaçadores de homens não identificados. Heffernan concluiu, no final de uma carta sobre o assunto, que se sentiu obrigado a escrever ao promotor público do Queens, Richard A. Brown, que "julguei, sem reservas, que a senhora Harrypersad e o senhor Montero foram testemunhas críveis" e, "ao contrário, julguei o testemunho da senhora Natanova mentiroso". Brown não respondeu, mas a conclusão de Heffernan deu um duro golpe na credibilidade de Borukhova.

A consequência mais infeliz para Borukhova de seu recurso à Vara de Família — embora não parecesse ameaçador no momento — talvez tenha sido a designação de um tutor para Michelle. Em 1962, o legislativo do estado de Nova York aprovou uma Lei da Vara de Família dando às crianças o direito de ser representadas por um advogado e, em 2005, era rotina das varas de família atribuir tutores aos filhos de casais em conflito que as procuravam. O tutor designado para cuidar dos "melhores interesses" de Michelle foi David Schnall — que quase imediatamente tomou partido contra Borukhova e, com efeito, agiu como um poderoso segundo advogado de Daniel Malakov no processo perante Sidney Strauss (que assumiu o caso depois de Heffernan, na primavera de 2006). Schnall alimentou e insuflou a fúria de Strauss contra Borukhova. Depois do assassinato, ele se opôs veementemente à tentativa dela de recuperar a custódia de Michelle.

11.

Quando Schnall testemunhou no julgamento criminal, eu ainda não estava familiarizada com seu papel de nêmesis de Borukhova. Do questionamento de Leventhal, ele emergiu como um representante inteligente e persuasivo de um campo claramente digno da Justiça. Durante a longa conferência privada em que Scaring lutou para impedir que Schnall lesse as observações "preconcebidas" de Strauss sobre o comportamento de Borukhova nas visitas, a sala do tribunal foi evacuada, e, enquanto eu esperava do lado de fora com meus colegas espectadores expulsos, notei Schnall sentado em uma das cadeiras que ladeavam o corredor. Fui até ele e perguntei se o projeto da década de 1960 de Anna Freud com professores de direito de Yale e psiquiatras infantis relativo aos "melhores interesses da criança" havia tido uma influência em seu trabalho como tutor. Ele disse que não conhecia o projeto, mas tinha interesse em ouvir sobre ele. Eu lhe disse que estava escrevendo sobre o julgamento e perguntei se ele estaria disponível para uma entrevista.

Os jornalistas pedem entrevistas do mesmo modo que os mendigos pedem esmolas, de forma automática e nervosa. Tal como mendigos, os jornalistas devem estar sempre preparados para uma recusa, e não podem se dar ao luxo de deixar o orgulho impedi-los de fazer o pedido. Mas não é agradável para um homem ou uma mulher adulta postar-se no caminho da recusa. Em meus muitos anos de jornalismo, nunca me conformei com essa parte do trabalho. Odeio pedir. Odeio quando dizem não. E adoro quando dizem sim. Schnall disse sim. Falou que havia coisas que podia me dizer sobre a atividade de tutor que iriam me surpreender — coisas obscuras, ruins —, e me deu seu número de telefone. Quando finalmente fomos readmitidos na sala do tribunal, Leventhal continuou a interrogar Schnall, que agora tinha permissão para ler os comentários de Strauss, e que continuava a parecer plausível e neutro.

A seguir, veio o interrogatório de Scaring, e Schnall começou a parecer menos plausível e neutro. Scaring rapidamente o confrontou com uma conta que ele enviara a Borukhova cobrando por sete conferências telefônicas que nunca tinham ocorrido — haviam sido com Malakov. Ela questionou a conta, mas depois a pagou abjetamente, "pois você estava em uma posição muito importante em relação ao que ocorria com a filha dela, não é verdade?". (A lei original de 1962 estipulava que os tutores deveriam ser pagos pelo Estado, mas no início dos anos 1990 foi criada uma categoria paga privada pela qual os tutores, em casos de custódia, seriam pagos a preços de mercado por parte dos pais que pudessem arcar com seus honorários. Schnall recebera os 75 dólares estatutários por hora quando o caso estava nas mãos de Heffernan; quando passou para Strauss, ganhou permissão para cobrar honorários particulares de 225 dólares por hora.) Em seguida, Scaring provocou Schnall com o fato de ele nunca ter falado com a criança cujos interesses deveria representar. Schnall demonstrou embaraço e alegou a pouca idade dela — disse que ela era "não verbal". "Não verbal quando ela está com quatro anos de idade?

Não verbal?", fulminou Scaring. Desde então, fiquei sabendo que não falar com seus clientes é quase uma insígnia de honra entre os tutores. Um estudo feito em 1982 pela Associação dos Advogados do Estado de Nova York descobriu que essa prática era onipresente e isso foi deplorado, mas permanece vigente até hoje. Recentemente, em uma decisão rara, um juiz de apelação removeu um tutor de um caso de custódia no condado de Rensselaer ao saber que "ele não havia encontrado nem falado com a criança". Mas os juízes continuam fechando os olhos para o fenômeno que o estudo da Associação chamou de advogado "fantasma".

Outra revelação veio do interrogatório de Scaring. Parecia que a sessão fatal de 3 de outubro ocorrera somente porque Schnall tinha insistido que assim fosse. Tanto o advogado de Malakov, Nathan Pinsakov, como a de Borukhova, Florence Fass, queriam um adiamento. Mas, como Schnall testemunhou: "Eu disse ao juiz [...] não vou consentir [com o adiamento], pois eu estava muito perturbado com o relatório da Alternativas de Visitação que descrevia o comportamento da senhorita Borukhova durante a visita". Scaring apertou:

> P: E, apesar de o advogado de Daniel Malakov dizer a você o que ele queria — não queria ir ao tribunal, queria adiar —, você insistiu em ir em frente, não é?
> R: Está certo.

Quando expressei a Florence Fass minha perplexidade diante da decisão de Strauss, ela assentiu com a cabeça e disse: "Talvez tenhamos pegado o juiz em um dia ruim". Eu queria perguntar a Strauss se estava arrependido de sua decisão, mas ele não concordou em me dar uma entrevista.

12.

Ezra Malakov é dois anos mais velho que seu irmão Khaika, e tem um tipo físico totalmente diferente: é baixo e robusto, com o lábio inferior protuberante, o que dá ao seu rosto uma expressão combativa. Quando testemunhou para a acusação, Leventhal lhe perguntou qual era sua ocupação no Uzbequistão e ele respondeu que havia sido dentista por vinte anos e então, depois de vencer um concurso de canto, tornara-se solista empregado pelo Estado no rádio e na televisão. "E desde que chegou aos Estados Unidos da América, o que você faz?", Leventhal perguntou com sua voz aguda. "Eu sou um *hazan*. Sou cantor em uma sinagoga. Um cantor solista." Embora Ezra estivesse nos Estados Unidos havia dezoito anos, nunca aprendera inglês, então um intérprete transmitia as perguntas de Leventhal para ele em russo e depois traduzia suas respostas para o inglês. Quando testemunhou, duas semanas antes, Khaika também usara um intérprete, embora fale um inglês, se não fluente, passável. Respondendo a Leventhal, Khaika relatou uma ameaça feita por Sofya, irmã de Borukhova, três dias antes do assassinato. Ele contou que Sofya dissera a ele e a sua esposa: "Vocês sabem o que fizeram? Vocês tiraram uma criança de uma mãe e vão ter um grande problema. Se não devolverem a criança, vocês vão perder seu filho no domingo".

Ezra foi posto no banco das testemunhas para falar de uma outra ameaça, dessa vez de Borukhova. Leventhal esfregava as mãos enquanto arrancava o relato de Ezra: uma manhã, dois ou três dias antes do assassinato, numa rua perto de sua casa, Ezra viu uma perturbada Borukhova que falava em um telefone celular. Ele se aproximou dela e perguntou o que a estava incomodando, por que ela estava tão ansiosa e nervosa. "O que está acontecendo? Talvez eu possa ajudar você de alguma maneira." Ela desligou o telefone e disse: "Daniel tirou minha filha de mim". "Se ele tirou, vai devolvê-la a você", Ezra disse para acalmá-la. "Não, ele não vai me devolver a criança." "Eu vou ajudar", disse Ezra. "Eu não preciso de nenhuma ajuda", disse Borukhova. "Os dias dele estão contados. Tudo está decidido."

Scaring tinha subjugado Khaika durante o interrogatório, com sua usual repetição irritante das perguntas. Em Ezra, ele encontrou uma nova criatura desconcertante. Houve um momento incrível durante a tentativa de Scaring de encurralar Ezra por não ter denunciado a ameaça de Borukhova à polícia.

P: Então, está bem claro, você nunca relatou essa conversa para a polícia, não é mesmo?
R: Não, não.
P: Você a denunciou à polícia?
R: Eu não a denunciei à polícia. Quantas vezes ele pode dizer isso? Eu sou uma pessoa. Sou um ser humano, não uma criança. Ele me fez esta pergunta três vezes. Eu não sou uma criança. Ele deveria me perguntar de uma forma inteligente e gentil.

Não se costuma ouvir discursos como esse num tribunal. As testemunhas estão dispostas, às vezes até ansiosas, a jogar o jogo da esperteza com um adversário que tem certeza que vai derrotá-los, pois ele é um profissional e elas são amadoras. A recusa de Ezra em jogar — seus protestos contínuos contra ser questionado de uma maneira que não se faz fora do tribunal — pôs em agudo relevo o caráter artificial e, por que não, desumano da retórica de tribunal.

13.

Borukhova começou a perder o jogo muito cedo ao ser interrogada por Leventhal. Obviamente, ninguém lhe dissera para não discutir com ele. Scaring deveria tê-la alertado para evitar diálogos como este:

P: Seu marido, o senhor Daniel Malakov, entrou com uma ação de divórcio contra a senhora, não foi?
R: Ele pediu o divórcio.
P: Ele entrou com uma ação de divórcio, correto? Ele entrou com uma ação de divórcio contra a senhora, correto?
R: Ele pediu o divórcio, sim.
P: A senhora entendeu minha pergunta?
R: Se o senhor está perguntando se ele pediu o divórcio, sim, ele pediu.
P: Ele abriu um processo de divórcio contra a senhora, correto?
R: Correto.
P: A senhora não entrou com uma ação de divórcio contra ele, não é?
R: Não.

P: Daniel entrou com uma ação de divórcio ou com um pedido de divórcio — para utilizar seu termo —, depois que sua filha tinha nascido, correto?
R: Correto.
P: E Daniel pediu o divórcio quando sua filha ainda era um bebê, correto?
R: Não.
P: Ela não era um bebê?
R: Não. Foi em abril de 2005.
P: Quantos anos ela tinha?
R: Ela estava com quase dois anos e meio.
P: Foi quando ele entrou com a ação de divórcio?
R: Foi quando ele pediu o divórcio, sim.

Leventhal foi adiante, deixando Borukhova ter a última palavra no debate sobre "entrar com ação" *vs.* "pedir" — fazendo com que ela parecesse teimosa e evasiva. Esse diálogo poderia ser ensinado em um curso sobre técnicas de julgamento: ele ilustra o modo como um bom interrogador, tal como um bom jogador de xadrez, combina estratégia de longo prazo com oportunismo de curto prazo. Tal como seus passos rápidos e lépidos, a mente rápida e dardejante de Leventhal percebeu imediatamente o mau passo que Borukhova havia dado quando ela o corrigiu. Ele viu o peão vulnerável que seria seu em dois ou três lances e os executou.

Outro problema com o desempenho de Borukhova no tribunal (durante os interrogatórios da defesa e da acusação) era sua relação — ou não relação — com o júri. Ela se comportava como se o júri não existisse, falando somente para seus interlocutores, e os jurados, por sua vez, agiam como se ela não existisse. Observei que eles não olhavam para ela. O objetivo de pôr um réu no banco das testemunhas é influenciar o júri a seu favor. No corredor, durante uma pausa no interrogatório de Leventhal, um espectador disse a Scaring: "Pelo amor de Deus, diga a ela para olhar para o júri". Scaring respondeu: "Acho que é tão falso quando fazem isso". Sim, parecia falso quando o perito em impressões digitais virou-se cuidadosamente para o júri a fim de responder às perguntas de Leventhal, como um ator se dirige ao público por sobre as cabeças de seus colegas atores. A tarefa do réu é se dirigir ao júri por sobre a cabeça de seu interrogador sem parecer estar fazendo isso. É uma tarefa difícil, mas pode ser realizada. O réu pode demonstrar, de maneiras sutis, que está ciente da presença do júri e que tem respeito por ele. O modelo poderia ser o de alguém em uma festa, rodeado por um grupo e falando com uma pessoa, mas de tal forma que os outros se sintam parte da conversa. Borukhova agia como se ninguém estivesse na sala, exceto a pessoa que fazia as perguntas.

Leventhal, normalmente uma pessoa agradável, se transformou em alguém profundamente desagradável ao interrogar Borukhova. Foi agressivo e acusador. Mal conseguia esconder seu desprezo e antipatia. Chamava-a de srta. Borukhova, em vez de dra. Borukhova. Às vezes, ela era muito boa em fazer frente a ele. Mas sua inteligência não lhe fez nenhum bem. À medida que Leventhal a encurralava sem pena — ele a interrogou por dois dias —, Borukhova parecia mais defensiva, rígida, teimosa, obstinada, tortuosa. O promotor mostrou-se cada vez mais duro. Mal mantinha a civilidade. "A senhora está inventando essas coisas à medida que avança?", permitiu-se dizer uma vez. Scaring objetou e o juiz murmurou uma reprovação, mas era tarde demais: ele já havia falado. Borukhova usava seu casaco branco de inocência e mantinha a cabeça erguida. Tinha uma aparência régia. Parecia uma princesa bárbara cativa em um desfile triunfal romano. E o júri continuava não olhando para ela.

A parte mais dolorosa do interrogatório de Leventhal tinha a ver com eletrocardiogramas apreendidos no consultório de Borukhova depois da detenção de Mallayev. Ele explicara à polícia que as 91 chamadas telefônicas entre ele e Borukhova, entre 3 de outubro e 26 de outubro de 2007, eram telefonemas entre médico e paciente. Dissera que Borukhova era sua médica de família e estava tratando várias doenças de sua esposa — o que levou o promotor do distrito de Queens, Richard A. Brown, a observar: "Eu não telefono para meu médico noventa vezes no decorrer de duas semanas antes de visitá-lo". (Quando a polícia questionou Mallayev sobre os telefonemas, consta que ele disse: "Existe alguma quantidade exagerada de chamadas a fazer quando se trata de sua saúde?".)

No interrogatório da defesa, Scaring apresentou fichas médicas de Borukhova sobre o tratamento dos Mallayev, em particular da sra. Mallayev, que sofria de um problema cardíaco, para demonstrar que os telefonemas eram sobre assuntos médicos, não homicidas. Leventhal apressou-se a bloquear essa rota de fuga. Durante as perguntas de Scaring, Borukhova dissera que as datas dos eletrocardiogramas de Mallayev estavam erradas porque o marcador de hora e data em seu aparelho de eletrocardiograma não estava acionado. A partir desse detalhe aparentemente insignificante, Leventhal montou um instrumento hediondo de tortura. Um por um, ele apresentou a Borukhova 36 outros eletrocardiogramas de seus pacientes, e em cada caso a obrigou a admitir que a data e a hora estavam corretas. Apenas os eletros dos Mallayev estavam marcados com a hora e a data erradas. A tortura continuou por quase duas horas. "Vou fazer isso o dia inteiro", disse Leventhal a certa altura, como um professor vitoriano vergastando uma criança até que ela admitisse seu erro. "Então vou lhe dar uma oportunidade novamente, senhorita Borukhova: gostaria de mudar seu depoimento no que diz respeito ao marcador de data e hora em seu aparelho de eletrocardiograma nunca ter sido ajustado em seu consultório?". Borukhova se recusou teimosamente a ceder. "Nunca foi ajustado por mim", ela continuou inutilmente a dizer, de forma evasiva. Na sala de imprensa, durante uma pausa, ouvi Billy Gorta ao telefone dizendo a seu editor: "As mentiras estão aumentando. Não houve nocaute. Mas ela foi cortada. Ela está sangrando".

Durante seu segundo interrogatório, Scaring fez o que pôde para conter o sangramento. Havia uma explicação para os eletrocardiogramas suspeitos dos Mallayev. Ao contrário dos outros pacientes de Borukhova, eles não tinham seguro-saúde, de modo que Borukhova fez ela mesma seus eletrocardiogramas, a fim de evitar a despesa do técnico que fazia os exames dos pacientes segurados, e que não se esquecia de definir a hora e data. Tudo muito plausível, mas tarde demais. Ela poderia estar inventando essas coisas também. E não era tão interessante como havia sido a tortura de Leventhal.

Em uma conferência privada durante seu segundo interrogatório, Scaring perdeu outra batalha para Leventhal. Ele queria perguntar a Borukhova sobre um psicólogo chamado Igor Davidson, que tratara Michelle durante o ano anterior ao assassinato. Quando Scaring perguntou a Borukhova: "O doutor Davidson estava tratando sua filha de quê?", Leventhal objetou e, quando Hanophy não aceitou a objeção, ele pediu e ganhou uma conferência privada. Davidson estava tratando Michelle de sintomas associados às visitas supervisionadas. A criança tinha medo do pai, e Davidson atribuía esse medo à lembrança de vê-lo bater em sua mãe. Leventhal não queria que o júri ouvisse isso. "O advogado da defesa está querendo apenas inflamar o júri e tentar prejudicar a memória da vítima, tentar pintá-la como uma pessoa má", argumentou Leventhal. Scaring retrucou: "Ele pintou minha cliente como a vilã nesse casamento durante todo o tempo. [...] Ele a pintou como uma mãe ruim. Ela não permitia visitas durante a noite. Havia razões pelas quais ela não permitia isso". Mas

Hanophy se decidiu por Leventhal, e o júri nunca ouviu a explicação de Davidson sobre o motivo de Michelle não estabelecer vínculos com seu pai bonzinho.

O próprio Davidson foi pintado com cores desfavoráveis — na melhor das hipóteses, como um tolo e joguete de Borukhova; na pior, como cúmplice engenhoso de suas mentiras. Ele não foi testemunha no julgamento criminal, mas testemunhou na audiência da Vara de Família realizada depois do assassinato para determinar se a criança deveria voltar para Borukhova. Seu depoimento foi comedido e grave. Ele falou de sua crença na confiabilidade de Borukhova — ele não duvidava de seus relatos sobre a agressividade de Daniel Malakov — e do progresso que achava que estava fazendo com a criança para superar o medo do pai. Ele era a única pessoa que realmente conhecia Michelle e podia falar do ponto de vista dela, mas foi desconsiderado. Ele é o Kent desta tragédia, no sentido de que pode ser seu espírito mais humano, e o espectador mais impotente.

Nunca ficou claro o que aconteceu exatamente a Michelle depois do assassinato. Sabemos que Borukhova a deixou com uma mulher no playground antes de realizar a ressuscitação cardiopulmonar em Malakov, mas não ouvimos nada sobre ela até a noite, quando termina o interrogatório de Borukhova na delegacia, e ela e suas irmãs tentam desesperadamente localizar a criança no prédio. As irmãs tinham tomado Michelle da mulher no playground e a levado para a delegacia — onde foi retirada delas por representantes de uma agência municipal chamada Serviços de Emergência para Crianças, um braço da Administração de Serviços para Crianças, conhecida como ACS. Borukhova e suas irmãs nunca encontraram a criança e deixaram a delegacia à noite sem conseguir obter informações sobre seu paradeiro.

Um relatório da ACS, escrito por duas assistentes sociais, Martha Martinez e Rashedah L. Goodwine, descreve a jornada da criança pesadelo adentro. Michelle foi retirada da delegacia e levada à casa de uma parente paterna chamada Tamara Eliasahuilli. No dia seguinte, quando Martinez fez uma visita de "avaliação do lar" a Eliasahuilli, ela lhe disse que "não queria ficar com a criança", pois "a presença dela em sua casa representava uma ameaça potencial para sua segurança, já que não estava determinado quem era o responsável pela morte do pai de Michelle". Eliasahuilli propôs que Michelle fosse para os avós paternos, Khaika Malakov e Malka Mushivea, e a proposta foi aceita. Michelle foi despachada para os avós paternos naquele dia. Em 1º de novembro, Rashedah Goodwine foi à casa de Malakov-Mushivea para outra avaliação do lar. Quando ela perguntou por que um carro de polícia estava estacionado diante da casa, foi informada de que a família estava com medo da "possibilidade de retaliação por parte de desconhecidos". Outro filho de Malakov, chamado Joseph, que estava em casa, "insinuou que a mãe de nascimento da criança, senhora Borukhova, morava a menos de duas quadras dali e a proximidade era inquietante". O relatório continua:

> A senhora Mushivea começou então a comentar suas pressuposições a respeito de como seu filho fora assassinado. [Goodwine] alertou a avó paterna sobre fazer comentários depreciativos com Michelle presente e sugeriu que a criança fosse levada para outra área da residência. A senhora Mushivea respondeu que estava "tudo bem", pois Michelle "só falava russo". (Sabemos de nossas interações com Michelle que ela compreende uma quantidade significativa de inglês.)

Os avós propuseram que uma parente chamada Ludmila Ford ficasse com a criança ("Eles não desejam que Michelle resida com eles por um longo período de tempo"), e Goodwine partiu, dizendo que transmitiria a proposta a seus supervisores. Martinez voltou no dia seguinte e informou que "a avó paterna queria saber se a criança poderia ser levada para a senhora Ford 'esta noite'". Enquanto isso, acontecia algo que resolveria o problema da avó. Michelle havia sido levada a um escritório da ACS para uma visita de sua mãe. Quando Borukhova lhe perguntou sobre uma contusão em sua bochecha, a criança respondeu que "a mãe de Dani bateu nela". Michelle foi então levada a uma outra agência para uma "avaliação de trauma" e, depois de contar ao assessor de trauma que "não se sentia feliz onde estava ficando", foi retirada da casa dos avós e enviada para um orfanato.

Enquanto Michelle passava por esse calvário dickensiano, a audiência da Vara de Família de que dependia seu destino estava em sessão. Se Borukhova prevalecesse — se o juiz considerasse que não havia "risco iminente" caso ela fosse devolvida aos cuidados da mãe —, a provação terminaria e Michelle voltaria a dormir em sua cama. Mas, depois de seis dias de depoimento, a juíza Linda Tally decidiu que havia risco iminente — que a acusação de "negligência emocional" feita pela ACS era fundamentada — e que a criança deveria permanecer em um orfanato. Borukhova, que chorou durante toda a audiência, deixou o tribunal de mãos vazias. Se havia mandado matar o marido para ter a filha de volta, fora em vão.

14.

Florence Fass, uma mulher bonita, animada e falante, de sessenta e poucos anos, representou Borukhova na audiência da juíza Tally. "Eis o que eu acho que estava realmente acontecendo", ela me disse em seu escritório, em Garden City, poucos dias depois do término do julgamento criminal. "Acho que a polícia suspeitava de Mazoltuv. Eles supuseram que ela desapareceria se fosse a assassina. 'Então, como vamos mantê-la aqui? Vamos pegar a criança. A mãe não vai a lugar nenhum. A mãe não vai deixar sua filha.' E ela não deixou. Isso é o que eu acho que aconteceu. Ninguém jamais será capaz de provar, mas é exatamente o que aconteceu. Então, entre outubro e fevereiro, enquanto a polícia montava as peças do caso, a criança ficou em um orfanato." Ela continuou: "Acho que foi uma tremenda farsa jurídica. Quase faz com que você veja a profissão de uma maneira diferente. Do modo como um litigante vê. Este caso estava tão estranho. Tudo o que você fazia era torcido. A lei nunca se aplicava à situação concreta. E ainda hoje, com essa última moção contra Schnall. Essa moção, em qualquer outro contexto, ganharia fácil. O juiz nos chamaria e diria, 'Olhe, David, você sabe que eu acho que você deve renunciar'. Isso não vai acontecer e eu provavelmente vou perder a moção."

Que moção? Deixei Fass falar demais e saltei adiante na minha história. Voltemos para minha conversa no corredor com o tutor, que aceitou dar uma entrevista. Liguei para Schnall alguns dias mais tarde e ele concordou em se encontrar comigo no domingo, 1º de março, às três da tarde. Mas na sexta-feira, 27 de fevereiro, havia uma mensagem dele na minha secretária eletrônica dizendo que estava cancelando a entrevista "por enquanto", porque não se sentia "à vontade para falar sobre o caso enquanto ele ainda está no tribunal". Acrescentou que poderia estar disposto a falar depois do final do julgamento e deixou dois números de telefone. Tomando a condição e os números de telefone como uma porta entreaberta, liguei para um dos números e deixei uma mensagem pedindo a ele para me telefonar. Às onze horas da manhã seguinte, Schnall me ligou. Eu disse que entendia sua relutância em falar comigo enquanto o julgamento estava acontecendo e esperava falar com ele quando tudo acabasse. Schnall disse que a conversa mais tarde dependeria do veredicto. Se Borukhova não fosse condenada, ele não tinha certeza sobre a entrevista.

Eu esperava que a conversa terminasse aí, mas em vez disso Schnall disparou a falar do caso sobre o qual dissera que não iria falar, e eu comecei a tomar notas. Ele disse: "Espero por um veredicto de culpada", e acrescentou que Leventhal "mencionara que a causa deles é forte". Falou de outras audiências judiciais em que havia visto "o que essa mulher é capaz de fazer". Falou sobre seu trabalho como tutor — "Eu levo relativamente a sério o trabalho" — e sobre o problema dos pagamentos. Explicou que ambos os pais em batalhas de custódia são obrigados a pagar o guardião legal, mas que apenas um lado paga efetivamente. "O lado que menosprezo não paga." E acrescentou que, no caso de Borukhova, "eles tentaram me remover" e fizeram "ataques pessoais a mim".

"Mas", continuou ele, com um novo tom de voz, "minha paixão real não é direito de família."

Então ele falou por cerca de uma hora, quase sem pausa, sobre o mundo como um lugar onde o mal se esconde, sob o controle de "um sistema parecido com o comunista". "Tudo o que achamos ser verdadeiro não é verdade", disse ele. Numa torrente de palavras, ele revelou as verdades sobre as quais havia ficado a par desde que "comecei esse caminho alternativo, há sete anos". Reproduzo abaixo um pouco do que anotei de seu monólogo em meu caderno.

> Bancos não emprestam dinheiro. Eles não têm dinheiro.
> Todos os bancos são bancos zumbis.
> Isso tudo é uma enganação.
> O sistema é gerido por idiotas úteis.
> Precisamos de inimigos.
> Haverá austeridade genocida.
> Não há crise de energia. Há abundância de petróleo.
> Joseph McCarthy estava certo.
> Estamos vivendo sob as dez tábuas do Manifesto Comunista. Somos um país comunista.
> O pai de Orwell era um grande tecnocrata.
> Os poderes que existem estão numa onda boa.
> A agenda falsa do aquecimento global.
> A natureza da profissão médica. Nenhuma terapia se destina a nos ajudar, foram feitas para nos prejudicar.
> Vacina contra a poliomielite não cura a poliomielite.
> O gene do esperma masculino caiu em 75%. Estamos quase completamente estéreis.
> Tudo o que eu disse não é opinião, é fato. ELES controlam o mundo. Se eu abrisse a boca em público, viriam atrás de mim. Já sinto que meus dias estão contados. A Receita veio ao meu apartamento com convocações três vezes. O problema é que eles têm armas.

A mesma coisa com o Onze de Setembro, a mesma coisa com o Katrina.

"Sabia-se antes de acontecer?", interrompi. "É claro", respondeu ele. "Eu poderia falar sobre isso durante vinte minutos. Eu poderia lhe falar muito mais sobre isso. Supõe-se que a FEMA [Agência Federal de Gestão de Emergências] foi incompetente. Eles fizeram o que haviam planejado fazer."

Qual o objetivo da guerra de 1812? Eles nos ensinam que perdemos a guerra revolucionária?
Nós financiamos os soviéticos.
É risível. Depois que você vê, é tão previsível.
Estou fascinado com a estupidez das pessoas. Poderíamos falar de Freud, Einstein. Há sempre uma história por trás de uma história. Ninguém quer falar sobre isso. Está na hora agora.
Sagrados mistérios do Egito.
Adoração da Terra. Charlatanismo de Al Gore.
Há uma grade de controle em funcionamento. Somos completamente monitorados. Estamos contribuindo para nosso próprio fim. Porque somos muito estúpidos.
A polícia — um exército particular para uma empresa privada chamada Cidade de Nova York. Isso não é uma hipérbole. Isso é fato. É admirável e brilhantemente feito.

Encerrei o telefonema depois de cinquenta minutos — Schnall não havia de modo algum esgotado seus conhecimentos esotéricos, mas eu ouvira o suficiente —, sentei-me e pensei. Então fiz uma coisa que nunca fizera antes na minha vida de jornalista. Eu me imiscuí na história que estava escrevendo. Entrei nela como uma personagem que poderia influenciar sua trama. Peguei o telefone e liguei para o escritório de Stephen Scaring.

Scaring me ligou de volta uma hora depois (eu deixara uma mensagem com sua secretária dizendo que tinha informações sobre uma testemunha). Contei-lhe sobre o telefonema de Schnall, e ele me pediu para lhe mandar por fax minhas anotações. Na segunda-feira seguinte, quando o juiz entrou na sala de audiências, os advogados se reuniram em torno dele, cada um segurando uma cópia de um documento. O documento era uma moção que Scaring havia elaborado depois de receber meu fax. Ele pedia "para chamar de volta a testemunha da promotoria David Schnall para novo interrogatório, e questionar o senhor Schnall em relação à sua saúde mental e, especialmente, se ele sofre de crenças ou percepções paranoicas e/ou delirantes que possam afetar sua confiabilidade e credibilidade como testemunha". A moção mencionava minhas anotações que registravam as crenças de Schnall "em várias teorias de conspiração estranhas e sinistras", e citava precedentes legais para impugnar o depoimento de testemunhas que são malucas. "Fale em voz baixa", os espectadores ouviram o juiz dizer a Leventhal, que falava exaltadamente com sua voz aguda e seus característicos gestos agitados. Leventhal, sabemos a partir da transcrição, ficou fora de si com a moção. "A moção do senhor Scaring é absurda", disse a Hanophy. "Sugerir que o senhor Schnall — por ter certas opiniões ou crenças relativas à história ou ao mundo e seus assuntos correntes ou quaisquer das convicções que estão ilustradas ou apresentadas na moção do senhor Scaring — deva ser chamado novamente para ser interrogado sobre possíveis problemas psiquiátricos é... é simplesmente... é um absurdo. É um absurdo."

Scaring disse: "Estou surpreso que a promotoria descarte isso tão rapidamente. Não há dúvida de que, quando se lê, se percebe que o senhor Schnall é delirante. Agora, ninguém acredita que...". Hanophy interrompeu: "O quê? Que realmente não há escassez de energia, há milhões de galões...". A conversa continua:

Sr. Scaring: Que o governo planejou ou estava ciente do Onze de Setembro.

O Tribunal: Que tal aquela sobre "não há escassez de energia, há gasolina e há petróleo"?

Sr. Scaring: O senhor acredita, excelência, que exista algum indício que sugira que o governo estava ciente do Onze de Setembro?

O Tribunal: O senhor acha que há escassez de petróleo neste mundo?

Sr. Scaring: Excelência, essa é uma das declarações dele. Existem inúmeras outras que são claramente delirantes. [...] As coisas que ele diz não fazem sentido. São bizarras, absurdas. E quanto à acusação atribuir rapidamente a palavra absurda para minha moção — o termo absurdo...

O Tribunal: Certo. Sua moção está negada.

O júri foi trazido e Leventhal apresentou mais algumas testemunhas, entre elas o especialista em línguas do FBI que traduziu a expressão *padayesh* por "Você vai me fazer feliz?". No final da tarde, depois que um patologista forense testemunhou sobre seu exame pós-morte de Daniel Malakov, enquanto Leventhal mostrava as fotos horríveis do cadáver ao júri, o juiz voltou-se esperançosamente para ele e Leventhal disse: "A promotoria terminou". No dia seguinte, Scaring trouxe quatro testemunhas de defesa, e, no meio da tarde, fez seu anúncio chocante de que Borukhova iria depor. Ele a interrogou pelo resto do dia. Os dois dias seguintes, quarta e quinta-feira, foram ocupados pelo interrogatório brutal de Leventhal. Quando ele acabou, o júri foi dispensado e o juiz fez um anúncio tão chocante quanto o de Scaring. Ele disse: "Devemos ser capazes de ter dois sumários amanhã".

15.

É hora de introduzir um tema conhecido como "As férias do juiz". O comentário de Billy Gorta de que o juiz estava mal-humorado porque Scaring tinha chamado Borukhova para testemunhar era parte de um assunto com o qual nossa turma de jornalistas se entretera durante várias semanas. Conversamos muito sobre uma colocação feita pelo juiz durante o exame das testemunhas no sentido de que o julgamento teria de terminar até o Dia de São Patrício (17 de março), pois era quando ele sairia de férias. Quando fevereiro se transformou em março, as férias começaram a pairar sobre o processo. O rumor de que elas seriam no Caribe foi confirmado. Scaring se lembrava de o juiz ter dito: "Este julgamento tem de terminar até 17 de março, porque depois vou bebericar *piña colada* na praia de St. Martin". Essa perspectiva agradável estava, evidentemente, na cabeça de Hanophy quando ele secamente negava conferências privadas, censurava os advogados por atrasos que antes passavam despercebidos e mantinha o tribunal em sessão muito além da costumeira hora de encerramento, às cinco da tarde.

Os sumários estavam previstos para começar na segunda-feira, 9 de março, o que deixava oito dias até as férias. Mas em 5 de março o juiz ordenou que Scaring e Siff fizessem seus sumários no dia seguinte, uma sexta-feira. (A ordem das declarações iniciais havia sido Leventhal, Siff e Scaring; a ordem dos sumários era Scaring, Siff e Leventhal.) "Estamos com um cronograma muito apertado", disse Hanophy duas vezes. Em virtude de Borukhova e Mallayev serem judeus ortodoxos, que não podem viajar depois do pôr do sol da sexta-feira, nunca houve sessão do julgamento nesse dia da semana. Era inverno, e o sol se punha mais cedo. No entanto, agora que o tempo era essencial, sexta-feira, 6 de março, tornou-se dia de julgamento; os sumários da defesa começariam às nove da manhã e terminariam a tempo de os réus voltarem à luz do dia para a ilha Rikers. A promotoria faria seu sumário na segunda-feira. Scaring manifestou sua indignação. Disse que não poderia preparar seu sumário nas poucas horas da noite que sobravam depois de uma longa viagem de volta para casa, em Huntington, Long Island. "Há belas casas por lá", disse o juiz. "Não tenho como fazer isso", disse Scaring. "Não me sinto fisicamente capaz de fazer o sumário deste longo caso agora. Não vou sair antes das cinco daqui. Não é justo com minha cliente. Não posso fazer um bom trabalho até amanhã de manhã." "Claro que pode", disse o juiz. "Não posso." "Ora, vamos, você está neste negócio há trinta anos, você consegue."

Scaring implorou a Hanophy. Pediu que houvesse sessão do julgamento no domingo. O juiz negou. Então propôs que, "se a deliberação do júri for além do tempo em que sua excelência estiver aqui, que outro juiz presida o final do julgamento". Mas Hanophy não queria beber *piña colada* enquanto outro juiz ocupava seu assento e o júri dava o veredicto. Ele estava decidido que os sumários começariam no dia seguinte. Scaring então argumentou que, se ele e Siff tinham de sumariar na sexta-feira, Leventhal também deveria fazê-lo: seria o máximo da injustiça dar a Leventhal todo o fim de semana para se preparar, enquanto ele e Siff tinham apenas algumas horas. Mas para que Leventhal apresentasse seu sumário na sexta-feira era preciso persuadir Mallayev e Borukhova a violar suas leis religiosas e permanecer na sala de audiências depois do pôr do sol. De início, Borukhova hesitou, dizendo que ficaria somente se pudesse passar a noite de sexta-feira no tribunal. Quando o juiz disse que isso era impossível, ela concordou em ficar se pudesse estar de volta na ilha Rikers até a meia-noite. Mallayev concordou com o mesmo arranjo. O juiz pediu a ambos que dissessem em voz alta o que seus advogados haviam dito a eles, e eles fizeram isso. "Tudo bem, então", disse ele, "todo mundo pode apresentar sumários amanhã." No entanto, nem todos sumariaram na sexta-feira. Na manhã desse dia, Hanophy murmurou algo sobre ser "muito cauteloso", pois "questões de apelação" poderiam surgir se os réus rompessem o *shabbat*, e somente Scaring e Siff apresentaram sumários naquele dia. Leventhal teve o fim de semana para se preparar.

Durante a tensa conversa de quinta-feira, os espectadores que permaneceram na sala do tribunal viram algo inédito na mesa de defesa. Pela primeira vez em todo o decorrer do julgamento, Borukhova e Mallayev se falaram. Nenhum dos dois havia dado o menor sinal de notar a presença do outro. Agora eles estavam discutindo calorosamente (embora de forma inaudível). Alla Lupyan-Grafman me disse mais tarde que Borukhova tinha cortado "a própria garganta e a de seu advogado" no drama que se desenvolveu nos bastidores enquanto Scaring e Hanophy digladiavam no palco. O juiz oferecera uma saída a Scaring e Siff. Se Borukhova e Mallayev concordassem em infringir o *shabbat* na sexta-feira e no sábado seguintes, caso o júri ainda não tivesse chegado a um veredicto, ele adiaria os sumários da defesa até segunda-feira, dia 9. "Mallayev concordou imediatamente", disse Alla.

Mas Borukhova não. Ela disse, "prefiro morrer". Ela disse a Mallayev, "Misha, você não entende que isso é um teste?". Querendo dizer que Deus os estava testando. E então eu disse — sei que não era hora de me envolver, mas eu disse: "Marina, se essa não é uma situação de vida ou morte, então o que é?". E Steve lhe disse: "Preciso de tempo, não posso fechar amanhã, não terá a qualidade que preciso para apresentar, e nem a qualidade que você espera de mim. Nós estamos terminando tarde hoje. Tenho apenas uma noite, não há como. E a promotoria fechará na segunda-feira. Eles ganham essa vantagem". Assim, ele pôs todas as cartas diante de Borukhova. E ela disse: "Não, prefiro morrer". Então, de repente, ela concorda em ficar até mais tarde no dia seguinte. Era tão ilógico. Ela foi tão irracional. Por que você concordaria em romper efetivamente o shabbat quando o fim de semana seguinte era hipotético — com 99% de chances de que isso não acontecesse? E pôr seu advogado em uma posição tão terrível, basicamente assinando sua sentença de morte?

16.

Quando Alla contou isso, tive uma sensação de déjà-vu. Reconheci um tom que ouvira nas vozes dos terapeutas, policiais, assistentes sociais, advogados e familiares que testemunharam contra Borukhova. Era um tom em que se misturavam descrença e desaprovação. Como ela pode ser assim? Ela não deveria ser assim. A estranheza de Borukhova era sua característica definidora. Com exceção de Igor Davidson, na audiência da Vara de Família, e dois colegas do hospital, todos que foram questionados sobre Borukhova durante o julgamento criminal expressaram uma inquietação primordial que muitas vezes não tinha para onde ir, exceto para a hostilidade. Sidney Strauss não estava sozinho em sua ira e impaciência sobrenaturais. David Schnall parecia temê-la e odiá-la desde que fora nomeado tutor de Michelle. Quando Jolie Rothschild, uma assistente social que se tornou proprietária da Alternativas de Visitação em maio de 2007, testemunhou na audiência da Vara de Família, não conseguiu disfarçar sua antipatia. O modo como Borukhova irritava as pessoas e desencadeava reações alérgicas graves foi ilustrado com particular intensidade pelo testemunho, também na audiência da Vara de Família, de um psicólogo clínico nomeado pela vara chamado Paul Hymowitz. O espírito malévolo que ditava o destino de Borukhova trouxe esse poderoso antagonista para sua vida, não através da intervenção do Estado, mas pela interferência benevolente de sua própria advogada, Florence Fass, que assim me contou:

> Quando Mazoltuv veio a mim, em julho de 2007, percebi que se tratava de um caso totalmente fora de controle. Fazemos as coisas de maneira diferente aqui no condado de Nassau. Tomamos situações como esta e entramos com profissionais da saúde mental — é como uma triagem. Envolvemos imediatamente assistentes sociais, bem como tutores e coordenadores de pais. Assim, quando entrei no caso, não conseguia entender de forma nenhuma por que não haviam pedido avaliação psicológica das partes e da criança. No primeiro dia que me vi diante do juiz Strauss, fiz o pedido. Por que alguém — o tutor legal, alguém — não pedira a avaliação? Strauss mandou fazê-la imediatamente, com o doutor Hymowitz, que é amplamente utilizado no Queens.

O depoimento de Hymowitz, talvez mais que o de qualquer outra testemunha, reforçou a acusação da ACS de "negligência emocional", caso em que uma criança pode ser retirada da mãe pelo Estado. Ele começou sua avaliação psicológica da mãe, do pai e da filha em agosto de 2007, vendo Borukhova e Malakov separadamente, em sessões alternadas, e depois vendo Michelle e Borukhova juntas. Sua primeira entrevista com Borukhova o deixou imediatamente suspeitoso dela. As coisas que ela lhe disse "eram meio difíceis de acreditar", ele testemunhou ao ser interrogado por Eric Perlmutter, advogado da ACS. Borukhova disse a Hymowitz que Daniel batia nela e molestava sexualmente Michelle, e, o que foi o mais difícil de acreditar, "ela lembrou de ideias estranhas que [Malakov] tinha, como quando ela estava tentando amamentar e depois dar mamadeira para a criança, no primeiro ano de vida do bebê, e ele insistia em retardar a alimentação por oito a dez horas para treinar a criança". O relato de Borukhova sobre "a quantidade de horas que ele passava sem querer alimentar a criança parecia desafiar a lógica", disse Hymowitz, e acrescentou: "A descrição do abuso sexual da criança era repugnante, também parecia meio esquisita".

A entrevista com Malakov foi melhor. Hymowitz caracterizou-o como "um pai gentil e sensível que parecia estar muito aflito e genuinamente preocupado com a perda de contato livre com a criança". Segundo Hymowitz, Malakov descrevia Borukhova como "uma mulher muito irracional, instável, inclinada à violência". Quando Perlmutter perguntou a Hymowitz se ele falara com Malakov sobre "as preocupações levantadas pela mãe ré na ação de divórcio", Hymowitz respondeu que "ele desdenhava muito dessas preocupações", e lhe disse que depois da investigação de uma agência estatal "os resultados mostraram que não havia fundamento".

Em meados de outubro, quando Borukhova levou Michelle ao consultório de Hymowitz, o encontro o indispôs ainda mais contra a mãe. A criança de quatro anos e meio não queria papo com o bom médico:

> A criança mal me olhava, sem reação verbal a qualquer coisa que eu dissesse. Ela sussurrava para a mãe, a maior parte da comunicação em russo, e estava sentada rigidamente na sala, sem se aproximar dos brinquedos ou atividades. [...] Quando sugerimos que a mãe saísse da sala, a criança começou a gemer, agarrou-se à mãe, e simplesmente não parecia que fosse dar certo. [...] Não consigo pensar em outro caso em que eu não tenha conseguido que a criança ficasse sozinha comigo no consultório.

A partir do comportamento de Michelle, Hymowitz concluiu que ela era "imatura e um pouco regressiva". Em resposta à pergunta de Perlmutter — "A que você atribui o comportamento da criança?" —, o psicólogo não culpou imediatamente Borukhova. Ele admitiu que ela tentara incentivar a criança a interagir com ele. "Ela estava dizendo e fazendo as coisas certas." No entanto, "ela não insistiu muito com a criança para sair. Ela não estabeleceu outros limites à criança, agora que estou lembrando. Por exemplo, a criança ficou de pé sobre meu sofá, de sapatos. Tive de pedir à mãe para impedi-la de fazer isso".

Schnall, que apareceu na audiência como tutor, evidentemente não achava que Perlmutter pressionara Hymowitz o suficiente para mostrar a inadequação de Borukhova como mãe. Quando chegou sua vez de questionar o psicólogo, ele ficou quase alegre em sua acrimônia. "Seria justo dizer", perguntou a Hymowitz, "que ela exibia qualidades e traços de sociopata?" Hymowitz respondeu que, de início, não tinha certeza "se estamos falando de alguém que estava delirante, ou seja, fora de contato com a realidade, pelo menos em áreas selecionadas relativas à criança e ao pai, ou se era uma sociopata e, portanto, uma pessoa mais premeditada e manipuladora". Depois de uma pressão mais acentuada de Schnall, Hymowitz disse: "Tendo me encontrado com ela, agora bem no final de outubro, comecei a achar que era mais provável que o comportamento fosse premeditado, manipulador e com desprezo insensível não só pelos direitos do pai, como pelo bem-estar da criança. [...] Começou a parecer mais premeditada, mais coerente em seu tecido e menos delirante". Schnall queria mais ainda. "Então, basicamente, a mãe estava mentindo sem consciência?", disse ele. Depois de uma saraivada de objeções de Fass e reformulações de Schnall, o juiz permitiu esta troca de palavras:

Schnall: Então seria justo dizer que a mãe estava mentindo sem consciência no que diz respeito às repercussões para o pai e seu relacionamento com a criança?
Dr. Hymowitz: Sim.

Fass fez o que pôde para conter o fogo que ela inocentemente ateara quando trouxe para o caso aquele psicólogo inflamável. "Ora, o senhor afirmou que o pai parecia ser uma pessoa gentil?", perguntou.

Dr. Hymowitz: Sim.
Sra. Fass: Certo. Isso influenciou sua opinião de que as alegações da mãe de agressão física eram difíceis de acreditar?
Dr. Hymowitz: Sim.
Sra. Fass: Alguma vez o senhor avaliou alguém em um caso de violência doméstica?
Dr. Hymowitz: Bem, sim. A violência doméstica é levantada com frequência nas avaliações de custódia.
Sra. Fass: E, em alguma dessas avaliações, o suposto agressor parecia ser uma pessoa gentil?
Dr. Hymowitz: Acho que sim.

Mais tarde, naquele mesmo dia, ao interrogar Borukhova, Fass voltou à questão. "Agora, doutora Borukhova, a senhora ouviu o doutor Hymowitz descrever Daniel como um homem gentil. A senhora lembra desse depoimento?"

Dra. Borukhova: Isso é o que todo mundo dizia. Que ele era gentil e, a senhora sabe, quer dizer, ele era encantador e ajudava pacientes. Ele não recebia dinheiro de pacientes. [...] Mas, quando chegava em casa, ele era uma pessoa totalmente diferente, ninguém acreditaria que alguém pudesse mudar tanto.

"Daniel parecia ser uma pessoa maravilhosa na comunidade — e claramente era", Fass disse-me em seu escritório. "E, quando chegava em casa, não era. Era como o Médico e o Monstro."

A outra única testemunha de Fass na audiência da Vara de Família foi Igor Davidson, cujo testemunho Schnall lutou ferozmente para desacreditar. Davidson introduziu um elemento totalmente novo na audiência: a ambiguidade. Ele foi o único dos participantes que falou como se estivesse em contato com a vida tal como ela é fora do tribunal, onde tudo nem sempre é isso ou aquilo, mas pode ser ambas as coisas. Quando Fass perguntou-lhe se ele aprovava a entrega de Michelle aos avós paternos depois do assassinato, ele disse: "Não creio que tenha sido a melhor coisa para a criança. Não". E continuou:

> Era realmente um momento em que ela precisava de pessoas e lugares que lhe fossem familiares e em quem ela pudesse confiar, que ela houvesse buscado no passado para conforto e segurança. E eu estava preocupado que essas coisas não estivessem disponíveis para ela.
>
> Meu coração se partiu pela família Malakov quando eu soube o que tinha acontecido. Percebi que eles estavam sofrendo, que estavam de luto, mas quanto à Michelle, eu não sabia quantos recursos eles poderiam disponibilizar para nutri-la ou mimá-la, proporcionar toda a atenção e todo o cuidado de que ela precisava em um momento como aquele.

A compaixão de Davidson pelos pais de Malakov, ao lado de sua compreensão imaginativa dos sentimentos conflitantes deles em relação a Michelle, foi um momento notável em um processo dominado por dedos apontados e culpabilização, e pontuado por discussões irritantes sobre questões processuais. Outra demonstração de espírito fino de Davidson ocorreu quando Schnall o confrontou com seu depoimento de abril de 2007, que recomendava a cessação temporária das visitas de Michelle ao pai, depois de um incidente em que a menina foi retirada à força dos braços da mãe por Malakov e um assistente social da Alternativas de Visitação e levada à casa de Malakov para uma visita supervisionada. Ela chorou histericamente durante vinte minutos, mas acabou se acalmando, brincou com o pai e parecia feliz de estar com ele. Schnall citou triunfante o relatório da Alternativas de Visitação: "Michelle e o pai estavam sorrindo e se divertindo. Michelle conversou com o pai. Eles brincaram com diversos brinquedos. Quando o senhor Malakov foi à cozinha, Michelle foi atrás dele. Ela segurou a mão dele. Deu-lhe um abraço". (Schnall inventou o abraço, mas, fora isso, citou com exatidão o relatório da Alternativas de Visitação.) Davidson comentou: "Vinte minutos de birra me pareceram excessivos". Schnall disse: "Não parece estranho que ela tivesse uma birra como essa e depois se envolvesse com o pai como se nunca tivessem perdido tempo?". Davidson respondeu: "Não parece estranho. Não. Não". Como, então, Schnall zombou, Davidson explicaria a disparidade entre o "desconforto inicial dela" e os risos e as brincadeiras?. Ele respondeu: "Não é de forma alguma uma disparidade. Acho que a gente pode se acostumar com qualquer situação. Não significa necessariamente que seja uma situação saudável e boa para você".

Schnall deixou o tema de lado. Em seu depoimento, Davidson disse ainda que, quando Borukhova lhe contou que Daniel a agredira fisicamente e abusara sexualmente de Michelle, ele acreditou nela, mas fez uma distinção importante: ele não estava tratando a criança por motivo de abuso sexual, mas pelo trauma de testemunhar a violência doméstica. Ele agiu na suposição de que a criança temia seu pai porque o vira bater na mãe. Por isso ela fugia dele durante as visitas e apresentava sintomas (tais como urinar na cama e o medo de sair de casa) relacionados às visitas.

Davidson disse que estava trabalhando com a criança, usando técnicas comportamentais para dissipar o medo dela e tornar possível uma relação com o pai.

Nesse ponto, chegamos a outra das questões em torno de Borukhova que borram seu retrato e lhe dão um toque estranho. Por que ela insistia em bater na tecla do abuso sexual? Se o "comportamento grave [de Daniel] direcionado para a vagina de sua jovem filha" (ou o que Fass chamou de "toque inadequado") realmente ocorreu, certamente não foi a causa do medo que a criança sentia dele. Depois que Heffernan considerou falsos os depoimentos de Judy Harrypersad e Damian Montero e escreveu a carta ao promotor, teria sido melhor que Borukhova se afastasse desse assunto inquietante. Mesmo que o "estimado ortodontista" (como Daniel foi chamado pela imprensa) fosse de fato um pervertido enrustido, não era político da parte dela continuar a insistir nisso. Sua tentativa de provar o abuso por meio de testemunhas não só fracassou, como prejudicou a própria alegação. Teria sido melhor para ela, mais racional e lógico, conectar o comportamento temeroso de Michelle e o apego da filha a ela durante as visitas a cenas assustadoras de violência doméstica. Se Borukhova tivesse tornado essas cenas vívidas para os assistentes sociais e o juiz, eles talvez não tivessem sido tão rápidos em culpá-la pelo fracasso das visitas. Se a imaginação de Strauss tivesse sido provocada pela imagem de uma mulher sendo espancada enquanto uma criança assustada observa, ele talvez tivesse encontrado outra explicação além do "sufoco" maternal para o comportamento de Michelle durante as visitas.

Esse é apenas um dos muitos "e se" que marcam essa tragédia. Outro tem a ver com a chegada de Jolie Rothschild a Alternativas de Visitação. E se essa assistente social imperiosa e dura não tivesse entrado na história? O relatório da Alternativas de Visitação que tanto inflamou Sidney Strauss foi escrito depois de uma discussão entre Borukhova e Rothschild, em que Borukhova ameaçou processá-la, e estava cheio de fúria e aversão. E se uma carta conciliatória para Rothschild que Borukhova escreveu depois da discussão, enviada por fax para a Alternativas de Visitação, não tivesse se perdido, como a carta que se extravia fatalmente em *Tess of the D'Urbervilles*? Ninguém que lesse essa carta — Fass mostrou-me uma cópia dela — poderia achar que Borukhova estava sabotando os esforços dos assistentes sociais. Com efeito, ela mesma parece uma assistente social quando propõe uma reunião com a finalidade de "discutir um plano para tornar menos estressante nossa separação durante as visitas" e "para recriar a atmosfera positiva que tínhamos desenvolvido há apenas algumas semanas". Ela destaca: "Fui eu também quem sugeriu que todos sentássemos no chão e brincássemos juntos", e "isso parecia estar funcionando, e eu estava muito otimista porque Michelle estava ficando mais confortável com as visitas". A carta termina: "Obrigada e espero que possamos continuar a avançar". Rothschild disse que nunca recebeu a carta, e ela nunca foi aceita como prova.

17.

Na manhã de sexta-feira, depois de uma noite quase sem dormir, Scaring começou bravamente seu sumário, mas logo mostrou cansaço. Ele se atrapalhou e não conseguia encontrar documentos. Perdeu o fio da meada de seu argumento. A transcrição registra os efeitos cruéis da privação de sono.

Ela diz que — uma questão — desculpem-me. Agora, indo para a ressuscitação cardiopulmonar. Ela diz que vê a doutora Borukhova — eu sei que é longo, mas eu vou demorar um pouco, então aguentem comigo. Sabem, eu não me importo se vocês cochilarem, mas não durante a coisa toda, certo? Perdi o fio — esqueci o que eu estava falando. Acho que estava falando sobre Ortiz. De qualquer modo — ah, a RCP. Muito obrigado. Não dormi muito ultimamente.

Scaring despertou a si mesmo e a sala do tribunal quando bateu forte na mesa e disse: "Vocês conseguem ouvir isso?". E bateu uma, duas vezes mais e repetiu: "Vocês conseguem ouvir isso?".

Ele estava imitando uma encenação que Leventhal fizera quando interrogou Borukhova, para enfatizar o caráter suspeito da declaração dela de que não ouvira os tiros que mataram Daniel. Scaring passou a argumentar que essa declaração (comparável em sua estranheza à acusação, feita por Borukhova, de que Malakov não a deixava dar leite para a criança) era verdadeira, precisamente por ser tão incrível. "Se ela fosse culpada, por que diria isso?", perguntou Scaring. "Ela teria de ser burra, e ela não é burra. Por que eu quero parecer suspeita se sou culpada dessa conspiração? Sei que ele vai ser alvejado. [...] É realmente a mais forte prova de sua veracidade, pois, se fosse uma mentirosa, ela diria alguma coisa que fizesse mais sentido. Quer dizer, isso não faz sentido."

Mas a exaustão de Scaring não parava de interferir em sua tentativa de persuadir o júri a absolver a ré. "Perdi o fio disso." "Sinto muito. Organização não é meu maior talento." "Desculpem-me, vou chupar uma dessas por um minuto." "Estou perdendo a voz tão cedo que vou me sentar." Seu sumário foi uma coisa curta, esfarrapada, triste. Depois veio Siff com um discurso muito longo. Ele não parecia estar em sua pior forma para uma noite em claro — é vinte anos mais jovem que Scaring —, mas seu sumário foi tão ineficaz quanto suas declarações iniciais. Alguns argumentos convincentes que apresentou — que o caso contra Mallayev começou com os registros de telefone celular e não com as impressões digitais, por exemplo — afundaram no pântano de sua longa loquacidade.

Na manhã de segunda-feira, os bancos do lado Malakov do corredor transbordavam de membros do clã, que tinham vindo para ouvir o sumário de seu bem descansado cavaleiro branco. Leventhal e Aldea, ambos de ternos escuros, sentaram-se lado a lado à mesa, como um par de corvos olhando imperturbáveis para a carniça. Pilhas organizadas de transcrições e quatro garrafas de água estavam precisamente alinhadas diante deles. O sumário de Leventhal teve duas horas de duração e foi ainda mais engenhoso que sua exposição de abertura. Ele começou com as palavras: "Ele pegou minha filha. Já está decidido. Seus dias estão contados". Depois de uma pausa de efeito, repetiu as palavras de Ezra Malakov. O sumário foi uma reprise empolgante de sua argumentação durante o julgamento, como o desfile de animais e artistas no final da sessão do circo. Leventhal exibiu suas testemunhas contra Mallayev, entre elas "a corajosa, alerta, consciente e focada" Cheryl Springstein, que vira os disparos e identificara Mallayev em uma fila de suspeitos da polícia; Marisol Ortiz, que estivera no consultório odontológico de Malakov com a filha e o vira caminhar na direção do playground com Michelle; Rafael Musheyev, um açougueiro de Samarcanda, em cujo apartamento em Flushing Mallayev aparecera inesperadamente com o filho Boris, três dias antes do assassinato (Leventhal encenou: "Ei, você se importa se Boris e eu ficarmos por aqui?"), e de onde os dois desapareceram no dia do crime; Bieniek, o especialista em impressões digitais; o detetive Edward Wilkowski, do esquadrão de homicídios do Queens, que prendeu Mallayev na Geórgia, e para quem ele mentiu sobre onde estava em 28 de outubro, até ser confrontado com os registros da torre de celular mostrando que estava no Queens. "As provas contra Mikhail Mallayev são esmagadoras", disse Leventhal.

Mas Mallayev não interessava a Leventhal. Ele largou de suas mandíbulas o homem pouco apetitoso e correu em direção à sua presa mais deliciosa:

> Sozinho, ele não tem motivo para assassinar Daniel Malakov. Mas, senhoras e senhores, ele não está sozinho, ele está com ela, a mulher que misteriosamente grava o encontro deles em maio de 2007, a mulher que a cada vez, senhoras e senhores, eu digo a vocês que provamos que eles estão juntos em maio e de novo em novembro, logo depois que se encontraram, este réu Mikhail Mallayev

deposita quase 20 mil dólares em dinheiro em várias contas bancárias.

A sintaxe vacilante de Leventhal reflete a instabilidade do pilar sobre o qual repousa esse elemento de sua argumentação contra Borukhova. Ele não tinha provas de que o depósito de 20 mil dólares viera dela; não existia prova da transferência de dinheiro entre Borukhova e Mallayev. Tudo o que havia para sugerir que o "assassino pago" fora pago por ela, no caso do depósito em maio, era a fita misteriosa, e, no caso do depósito em novembro, era o nome de Mallayev em um calendário que a polícia apreendera no consultório médico de Borukhova. Claro, as 91 chamadas de telefone celular, aliadas ao motivo, eram suficientes para condenar Borukhova. Mas Leventhal não estava perdendo nenhuma chance de reforçar sua causa. Ele sabia que os jurados querem mais do que provas para condenar: eles querem ter certeza de que a pessoa que estão mandando para a prisão ou para o outro mundo, além de malfeitora, é uma criatura do mal. Assim, Leventhal trabalhou para denegrir a imagem de Borukhova até um ponto em que o júri pudesse se sentir bem com a condenação. Ele repetiu as palavras raivosas do juiz Strauss — "se alguma vez houve uma situação na mente deste tribunal em particular que clama por uma ação imediata é esta e o que acabo de descrever" —, e passou a desenhar este retrato dela:

> Uma mulher que ameaçou processar os assistentes sociais da Alternativas de Visitação. Uma mulher que tinha problemas com David Schnall. Uma mulher, digo a vocês, que tinha problemas com quem quer que não visse as coisas à maneira dela. Uma mulher que tinha problemas com quem não concordava com ela. Mas eu lhes digo, senhoras e senhores, que David Schnall a viu como quem ela era, a mesma pessoa...

Nesse momento, Scaring objetou e foi apoiado pelo juiz. Mas sobrava ainda muita munição. Leventhal passou a zombar dos eletrocardiogramas suspeitos. Ele não teve escrúpulos em citar (várias vezes) a versão "Você vai me fazer feliz?" da palavra *padayesh*. Obteve um delicioso triunfo quando mostrou (com registros da Delta Airlines) que Mallayev estava em Israel quando Borukhova disse que ele e sua esposa tinham ido ao seu consultório, no verão de 2007. "Se ela mente sobre isso, sobre o que mais está mentindo?", disse Leventhal. Ele voltou à tarde, dezenove dias antes, em que o tribunal espantado vira uma fita de vídeo que documentava a transferência da custódia de Michelle da mãe para o pai.

O filme começava no apartamento de Borukhova e a mostrava com Michelle, jogando uma bola ao ar e lendo para a menina. Então Borukhova dizia "Agora vamos ver Daniel", e a criança começava a chorar. Borukhova continuava: "Ninguém vai machucar você. Ninguém vai fazer nada com você. Vamos. Vamos lá". O choro da criança aumentava. "Você vai ficar lá alguns dias e depois vai voltar, Michelle." A criança começava a gritar. Por quase uma hora, ouvimos o grito da criança até que ela fica rouca, enquanto é levada por várias quadras de uma rua e, por fim, tirada dos braços da mãe por Daniel e levada para a casa de Khaika Malakov.

O filme era horrível. Lágrimas vieram aos olhos de muitos ali presentes. Alguns dos jurados se encolheram. Borukhova o encomendara depois de ter visto um consultor de relações públicas e lhe apresentado suas ideias para protestar contra a decisão de Strauss — ela escreveria para Hillary Clinton, por exemplo, ou iria a Washington com Michelle e sentaria no gramado da Casa Branca. O consultor não levou muito em conta esses planos mirabolantes, mas aprovou a ideia de documentar a transferência e passou-lhe o nome de um cineasta. Borukhova disse que queria mostrar que "havia muita discrepância entre o que a Alternativas de Visitação está escrevendo e as coisas reais que estão acontecendo". O filme mostrava, com uma força implacável, o sofrimento de uma criança que é tirada de sua mãe contra a vontade. Deveria ser o ás na manga de Borukhova para ganhar a simpatia do júri. Mas, por incrível que pareça, Leventhal foi capaz de voltar o filme contra ela. Ele fez parecer que a criança tinha ficado traumatizada não pela transferência em si, mas pela filmagem insensível encomendada por sua mãe. A dor que os jurados sentiram enquanto assistiam ao filme — e eu vi a aparência aflita deles, brincando com os cabelos ou com olhar distante — voltou-se contra Borukhova, e não contra o juiz que causara aquilo. Ela teria feito melhor se tivesse escrito para Hillary e sentado no gramado da Casa Branca.

Leventhal guardou para o fim uma engenhosa guinada na trama. Ele voltou à insistência de Borukhova de que não escutara os tiros. "O senhor Scaring perguntou-lhes por que ela mentiria sobre não ouvir aqueles tiros. Por que ela mentiria sobre isso? [...] Senhoras e senhores, ela não ouviu os tiros porque não estava lá."

De acordo com a teoria de Leventhal, Borukhova estava atrasada para o encontro no playground, pois estava às voltas com uma câmera espiã de botão que comprara no dia anterior (para documentar o assassinato e usar o filme contra Mallayev "caso ele a traísse"), tentando seguir as instruções para fazê-la funcionar, mas sem consegui-lo; por fim, abandonou a câmera e correu para o playground — onde descobriu que Malakov já havia sido baleado. E eis o lance mais esperto de Leventhal: "Ela disse que não ouviu os tiros porque não esperava ouvir qualquer tiro. Direi de novo. Ela disse que não ouviu nenhum tiro porque não esperava ouvir tiros, porque sabia que ele ia usar um silenciador".

18.

O júri começou a deliberar na tarde do dia em que Leventhal apresentou o sumário. Os jurados ficaram isolados durante a noite e voltaram com um veredicto no dia seguinte, depois do almoço. Durante as seis horas em que estiveram reunidos, os jurados enviaram seis ou sete recados pedindo documentos (e café em um caso). O tribunal estava lotado. Nosso pequeno contingente da imprensa havia sido expulso da primeira fila para dar lugar a detetives da polícia e funcionários da promotoria. O lado dos Malakov estava lotado de parentes e amigos. No lado de Borukhova, para o qual alguns dos Malakov tinham sido obrigados a passar, a mãe e as irmãs liam seus livros de orações em sussurros fervorosos; a filha de Mallayev rezava. A notícia de que o júri tinha um veredicto já chegara, mas o juiz não mandou buscar os jurados. Ele sentou-se serenamente e observou a cena. Estava esperando pelo pai. Por fim, Hanophy disse: "Diga-lhe que eu o quero aqui agora". Khaika Malakov entrou e o júri foi convocado.

O primeiro jurado anunciou um veredicto de culpado para ambos os réus em todas as acusações de homicídio doloso. Os réus ouviram impassíveis. Borukhova disse alguma coisa para Scaring. Os radiantes Malakov saíram da sala do tribunal. No corredor, abraçaram Leventhal e os policiais. "Deus abençoe a América" e "Obrigado, América", disseram eles nas escadarias do tribunal. Khaika disse a repórteres de jornais e televisão: "Antes, eu achava que o sistema de justiça não era tão bom. Agora eu entendo que o sistema é de alta categoria". O júri fora retirado às escondidas do tribunal, mas os repórteres conseguiram encontrar alguns deles em suas casas, os quais fizeram declarações que apareceram no *Post* e no *Daily News* do dia seguinte. "Ela não mostrou nenhuma emoção", disse uma jurada de 25 anos chamada Oscarina Aguirre a Nicole Bode e a um colega seu, Dave Goldiner. "Esse é o tipo de coisa que acabou com ela." Uma jurada que não quis ser identificada disse a Gorta: "Não havia nada em que se pudesse acreditar no que ela disse. Simplesmente não fazia sentido". Não houvera, evidentemente, discordância entre os jurados. "Todos nós achamos que ela era culpada, todos nós sabíamos disso", disse Aguirre. "Não acho que alguém tenha pensado que eles não fizeram aquilo", disse a jurada anônima.

Na primeira rodada de votação, no entanto, uma jurada escrevera "indecisa" em seu voto. Eu soube disso vários meses depois do veredicto, por dois jurados jovens que consentiram em falar comigo, sob condição de anonimato. (Cinco outros jurados se recusaram a me dar entrevistas sob quaisquer condições.) Encontrei-me com os dois separadamente — vou chamá-los de Tim Smith e Karen Jones —, mas seus relatos foram bastante semelhantes. Ambos contaram que a jurada indecisa tinha "uma razão pessoal" para sua relutância: ela era mãe e não conseguia mandar outra mãe para a prisão e separá-la de sua filha. Mas, como disse Smith, "nós falamos com ela" e ela mudou de ideia. Smith acreditava que, se Borukhova não tivesse testemunhado, a jurada indecisa, que ele chamou de "a senhora espanhola", poderia ter resistido por mais tempo, se não até o fim. Ele achou que a subida de Borukhova ao banco das testemunhas "pôs o prego no caixão". Jones concordou: "Ela não era confiável. Teria sido melhor que não testemunhasse". Obviamente, não importa que Borukhova tenha testemunhado. Quando ela sentou no banco das testemunhas, a poderosa narrativa de Leventhal, delineada em seu discurso de abertura e desenvolvida por suas testemunhas, já fizera seu trabalho. Era tarde demais para suspender a descrença dos jurados. Quando Scaring anunciou que Borukhova iria testemunhar, "vi Brad e Donna dando risadinhas", lembrou Smith.

Ambos os jurados consideraram "boa" a decisão de Strauss de mudar a custódia. Suas palavras contundentes — que Scaring havia lutado tanto para suprimir e Leventhal igualmente para que fossem aceitas — pareciam inteiramente razoáveis a eles. "Por que um juiz tomaria uma medida tão drástica se não houvesse uma boa razão para isso?", disse Jones. "Por que tanta gente estaria contra ela?", disse Smith. "Aquele advogado da assistência à criança que pintou um retrato dela como arrogante. Por que ele mentiria?"

Ambos aceitaram a versão do tradutor do FBI da frase controversa do diálogo gravado de Borukhova com Mallayev — "Você vai me fazer feliz?". "Por que ele estaria trabalhando para o FBI se não soubesse o que estava fazendo? Ele não tinha razão para dizer uma coisa que não fosse verdade", disse Jones, que foi adiante e fez a inferência que Leventhal pretendia que fizesse: "Ela levara Mallayev a acreditar que haveria uma outra recompensa, além de dinheiro. Ela lhe dera esperanças". O fato de a conversa gravada ter ocorrido em maio — cinco meses antes do assassinato — não abalou a convicção de Jones de que estava ligada ao crime. "Ela estava percebendo que haveria necessidade de se livrar de Daniel", disse ela. A versão da defesa — "Você está descendo?" — parecia indigna de consideração: "Eles estavam se agarrando em qualquer coisa", disse Jones. A imaginação de Smith também tinha sido insuflada pela ideia de sexo entre Mallayev e Borukhova. "Ele não arriscaria sua vida por 20 mil dólares. Deve ter havido algo mais. Um homem gordinho e mais velho gostaria de ter um relacionamento com ela, uma mulher magra e mais jovem." (Perguntei ao jovem e magro Smith se achava Borukhova bonita e ele me lançou um olhar incrédulo. Depois disse com um sorriso: "Ligeiramente abaixo da média para mim".)

O comportamento contido de Borukhova, estilo Cordélia,* na mesa da defesa funcionou contra ela. Nada veio do nada. "Ela não tinha nenhuma emoção", disse Jones. "Ela não parecia abalada. Não estava com medo. Se você é inocente e está sendo julgado por assassinato, estaria abalada. Vestiram-na de branco para subliminarmente sinalizar sua inocência. Quem se veste de branco todos os dias?" Smith usou as palavras "fria", "desligada", "distante", "rígida" e "indiferente" para descrever Borukhova. Jones achou-a também "irracional", "não natural" e "obcecada".

Para Jones, o filme da transferência traumática de custódia era uma prova conclusiva da monstruosidade de Borukhova:

> Ela foi fria e indiferente. Ela não tentou confortar a filha. Você não ia querer que a criança ficasse calma? Mas ela só queria mostrar na fita como a filha estava transtornada. Não sei qual poderia ter sido sua motivação, a não ser egoísta. A criança adormeceu. Então ela teve a coragem de acordá-la. Vi que ela estava disposta a sacrificar o bem-estar de sua filha para obter o que queria. Isso me fez acreditar que ela mataria o marido para manter a filha.

Nenhum dos jurados tinha muito a dizer sobre Mallayev. Confiante de que o peso das provas era suficiente para condená-lo, Leventhal não se preocupou em fazer o retrato do assassino gor-

---

* Cordélia: personagem da peça *Rei Lear* de Shakespeare. (N. T.)

dinho, deixando que ele aparecesse como o instrumento opaco da vontade de Borukhova. Ambos os jurados tinham certeza da culpa de Mallayev, embora Smith tenha notado — e julgado injusto — o impedimento imposto por Hanophy quando Siff tentou contestar o campo da impressão digital. Jones pensava o contrário. "Ele estava tentando dizer que as impressões digitais não têm base científica. Isso é ridículo. Foi um argumento muito louco, uma coisa muito desesperada de se fazer. Eles usam impressões digitais há tantos anos. Por que as usariam se não fossem exatas?"

Os dois jurados também diferiam em suas avaliações dos advogados e do juiz. Smith preferia Scaring a Leventhal. "Scaring foi convincente desde o início. Ele tinha uma presença. Sua altura. Ficamos muito bem impressionados com ele", enquanto o baixo Leventhal "não impressiona de imediato". Jones preferia Leventhal e criticou a técnica de interrogatório de Scaring. "Ele era óbvio. A gente podia perceber o que ele queria que a pessoa interrogada dissesse." Smith disse que achava que o juiz "estava ligeiramente inclinado a favor da acusação. Achei que Leventhal safou-se com teatralidade. Notei que o juiz não o reprimia". Jones disse: "Achei que o juiz foi imparcial". E acrescentou: "Gostei muito dele. Parecia real, com os pés no chão e sério em relação ao seu trabalho. E engraçado. Ele tinha um bom senso de humor".

Smith descreveu seus colegas jurados como "muito passivos. Nenhuma personalidade alfa. Todos estavam relaxados". Ele disse que alguns jurados desconsideraram a ordem do juiz de não falar sobre o caso durante o almoço, e que alguns haviam visto o caso no noticiário. Um dos jurados que se recusou a me dar uma entrevista escrevera em um e-mail: "Acho que eu não poderia dar a entrevista sem ficar muito abalada com isso. Ainda é recente demais para eu falar sobre o assunto". Imagino que se tratava da senhora espanhola em cujo fio de sentimento maternal o destino de Borukhova esteve brevemente pendurado.

19.

O Supremo Tribunal do Queens foi construído em 1960 e é um exemplo da arquitetura cívica do período, cuja feiura sem sentido o tempo não consegue apagar e cujo saguão de entrada se tornou uma completa catástrofe estética pelos equipamentos de segurança grosseiramente instalados em toda a sua largura depois do Onze de Setembro. Havia várias semanas que eu frequentava o prédio quando notei o mosaico que cobre o espaço sobre a entrada que conduz aos elevadores e as paredes adjacentes. O mosaico é uma visão assombrosa, mas, como as pessoas passam com pressa pela barreira de segurança em direção aos elevadores, não o percebem. Eu o notei somente porque um dia, durante um recesso longo, caminhei pelo tribunal à procura de coisas para observar.

É um trabalho da mais extrema complexidade e estranheza. Seu criador foi o artista e escultor Eugene Francis Savage (1883- -1978), que fez murais para o WPA* e para as universidades de

---

* WPA: Works Progress Administration, órgão do governo federal americano encarregado de promover o emprego mediante obras públicas na época do New Deal. Encerrou suas atividades em 1943. (N. T.)

Yale, Columbia e Purdue, e projetou a Fonte Bailey na Grand Army Plaza do Brooklyn. A obra é uma espécie de alegoria maluca que ilustra conceitos — explicitados por legendas sob cada segmento — relacionados a um tribunal de justiça: Punição, Isenção, Reabilitação, Segurança, Contestação, Inquérito, Prova, Erro e Transgressão, junto com os pecados capitais da Vaidade, Inveja, Ira, Luxúria, Preguiça, Soberba e Avareza. Acima de "Punição" vê-se um homem sinistro, com um raio saindo de um punho; a "Avareza" é representada por uma mulher velha e feia com um vestido azul e colar de pérolas, inclinada sobre uma caixa de dinheiro e joias. Perto do homem sinistro, um sujeito de aparência malvada se agacha diante da entrada de um túnel de onde sai engatinhando outra pessoa desagradável, carregando ferramentas. Uma figura encapuzada com os braços estendidos que segura uma fita métrica de ouro, um sujeito nu com um arco e flecha, um homem de peito nu ajoelhado perto de uma pilha de livros em cima da qual há uma foice e um martelo, uma mulher com seios bonitos e um homem negro que faz uma careta horrível são algumas das outras figuras, situadas numa paisagem sinistra cheia de rodas-d'água, montanhas, estradas, arco-íris e tigelas azuis cheias de ouro. O olho não sabe onde descansar. Uma balança da justiça vertiginosamente pontuda paira sobre a alegoria, com um de seus pratos de ouro equilibrado bem no alto e o outro balançando perto do chão. Estranhamente, sobre o prato suspenso no alto encontra-se um livro com a palavra LEI em sua capa, enquanto o prato perto do chão não tem nada, exceto uma espécie de caroço de pêssego. Seria um comentário sobre a ausência de gravidade da lei? Ou é apenas Savage exercendo sua imaginação artística desafiadora da gravidade — com a certeza de que o destino da arte pública é ser invisível para o público que nunca a encomendou?

20.

Depois dos elevadores, há uma porta de vidro que dá para uma área em que o público não pode entrar, exceto com credenciais especiais: ali estão os escritórios da promotoria. No dia 18 de março, fui admitida nesse santuário interno para uma entrevista com Brad Leventhal. Kevin Ryan, o assessor de imprensa da promotoria que arranjara tudo, permaneceu na sala de conferências em que ocorreu a entrevista. Leventhal contou-me sua história: "Nasci no Brooklyn. Meu pai era peleteiro e caixeiro-viajante, e soldado condecorado na Segunda Guerra Mundial. Minha mãe era dona de casa. Sou filho único". Quando ele estava com dezesseis anos, seus pais se mudaram para Long Island, onde ele frequentou colégio, faculdade (Nassau Community College e C. W. Post Long Island University) e escola de direito (Hofstra). Depois de se formar, trabalhou como advogado de defesa para a Legal Aid Society e, em seguida, entrou para um escritório de advocacia especializado em homicídios. Depois de oito anos, deixou a defesa criminal e tornou-se assistente da promotoria. "Eu simplesmente não gostava mais do trabalho. Não me sentia bem com o que estava fazendo. Não me satisfazia." Não admira: Leventhal tinha acabado de defender um médico chamado David Benjamin, que havia perpetrado um aborto malfeito e deixado que a paciente sangrasse até a morte sobre uma mesa de sua clínica improvisada. "Depois daquele julgamento, eu não estava mais interessado — estava pensando em sair completamente do direito", continuou Leventhal. "Mas sempre quis ser promotor, e tinha desenvolvido um bom relacionamento com o assistente da promotoria, que fez a acusação naquele caso; então liguei para ele e perguntei se havia vagas no escritório da promotoria, e cerca de três ou quatro meses depois eu estava empregado aqui."

Quando questionei Leventhal sobre o julgamento que acabara de ganhar, ficou claro que sua aversão e seu desprezo por Borukhova não tinham sido fingidos. "Ela tomou a decisão de mentir quando se sentou no banco das testemunhas", disse ele severamente. "Aquilo foi escolha *dela*. Ninguém a obrigou a dar qualquer tipo particular de testemunho." Ele continuou:

> Há consequências quando você não conta a verdade. Por exemplo, que mentira enorme ela contou quando disse que, em 1º de agosto de 2007, o senhor e a senhora Mallayev foram ao seu consultório pedir uma receita para a hipertensão descontrolada que ela alegou que a mulher sofria. E não a confrontei com isso no interrogatório. Eu sabia que ela iria inventar algum tipo de mentira. Então não falei disso. Mas no sumário pude mostrar, através de documentação que estava em evidência antes que ela testemunhasse, que Mallayev estava fora do país em 1º de agosto de 2007.

Cumprimentei Leventhal por sua habilidade. Eu disse que tinha me perguntado na ocasião por que ele chamara uma funcionária da Delta Airlines para testemunhar e estabelecer que Mallayev voara para Israel em 29 de julho e regressara a Atlanta em 20 de agosto. "Agora sei o que você estava preparando..."

"Não, não", Leventhal me interrompeu. "Eu não estava. Quando eu trouxe aquela prova, não tinha ideia de que ela iria testemunhar."

"Então, por que a trouxe?"

Leventhal explicou que estava dando conta de uma lacuna nos registros do celular de Mallayev; ele estava simplesmente estabelecendo que, durante sua estada em Israel, o telefone celular de Mallayev estava fora de uso. "Mal sabia eu que ela ocuparia o banco das testemunhas e mentiria."

"Ela não havia prestado atenção ao depoimento da funcionária da companhia aérea."

"Ou tinha esquecido. Meu pai sempre me disse: 'É fácil dizer a verdade. Você não precisa ter uma boa memória para contar a verdade. Você tem de ter uma memória muito boa se vai mentir'." E acrescentou: "Um dos primeiros bilhetes do júri foi para pedir os registros de voo da Delta".

Eu disse: "Talvez a memória dela tenha sido afetada pela desnutrição. Você viu suas fotos anteriores e com que aparência ela estava no julgamento".

"Achei que ela parecia bem", disse Leventhal friamente. "O senhor Mallayev emagreceu também. Parecia bem."

"Sim, ele parecia bem. Mas achei que ela parecia bem pouco saudável. Você não acha?"

"Eu não penso assim. Achei que ela parecia estar muito bem. Ela me parecia bem saudável. Estava em bom estado. Estava bem vestida. Estava com as mãos feitas. E o pessoal do tribunal se esforçou para tentar obter refeições kosher e frutas frescas para ela, e Borukhova recusou. Então, acho que é um problema criado por ela."

Mencionei novamente as imagens de uma Borukhova saudável e de rosto redondo que apareceram nos jornais na época de sua prisão e a Borukhova definhada do julgamento.

"Ela não me parece tão diferente do momento que a conheci depois de ter sido presa", insistiu Leventhal, e acrescentou: "Ela não está em um spa".

No final da entrevista, Leventhal ofereceu a mim e ao seu guarda-costas uma ária händeliana sobre as delícias de se trabalhar no escritório da promotoria.

> Desde o dia em que comecei, até hoje, nunca houve um dia — e isso é uma coisa incrível —, nunca houve um dia em que eu tenha me arrependido de minha decisão, ou tenha dito "e se". Nenhum dia. Adoro vir trabalhar. Adoro fazer este trabalho. As pessoas que trabalham comigo aqui são maravilhosas. Não preciso me preocupar em representar um cliente ou com os interesses de um cliente em particular. Não tenho de me preocupar em ganhar dinheiro e ser pago. Não se faz isso por dinheiro, com certeza. Tudo com que você tem de se preocupar, tudo em que você tem de se concentrar, é tentar fazer justiça. E eu acredito que a justiça certamente foi feita neste caso.

21.

Algumas semanas mais tarde, quando falei com Scaring e mencionei a cilada armada por Leventhal a Borukhova em seu testemunho sobre a visita de Mallayev no dia 1º de agosto, ele não deu importância:

O que ela disse em seu depoimento? Ela disse que os viu em 1º de agosto. Ela olha em seu arquivo e vê que a mulher estava lá e usa o plural em vez do singular. Foi um lapso de língua. Ou ela lembrou errado. Aquilo foi um ano e meio atrás. Não fazia diferença se ele estava lá ou não. Nada tinha a ver com nada. E Leventhal sabia disso, mas conseguiu transformar isso em um evento significativo. E isso me incomoda em relação ao júri. Trata-se de um caso de assassinato. E você condenar alguém, porque eles disseram "eles"?

Eles disseram eles. Scaring estava repetindo exatamente o mesmo "lapso de língua" que atribuiu a Borukhova — um erro que insiste em penetrar na linguagem. Houve uma troca de palavras no julgamento em que esse solecismo popular figurou comicamente. Michael Anastasiou interrogava uma testemunha chamada Alex Kryjanovskiy, que estava na rua 64 no momento do assassinato e viu um homem correndo pela rua. Depois de descrever os trajes do homem, Kryjanovskiy disse: "Ah, havia mais uma coisa. Eles também tinham um pedaço de pano branco, eu acredito, no lado direito de seu corpo, que estavam segurando junto ao corpo enquanto corriam". O diálogo continua:

> P: Você se lembra da idade aproximada desse indivíduo?
> R: Eu me lembro de ter contado ao detetive que achava que era alguém na casa dos trinta. Essa é a impressão que eles causaram em mim. Eu acho que eles... eu disse que era alguém na casa dos trinta.

O próprio Anastasiou pegou a infecção do "eles": "E em que direção eles estavam indo?" e "O que você os observou fazer depois que subiram a quadra?", perguntou ele. "Eles estavam correndo pela rua", respondeu Kryzhanovskiy. O diálogo assumiu um aspecto farsesco:

> Tribunal: Você está dizendo "eles"?
> Testemunha: A pessoa. A pessoa, desculpe-me. A pessoa estava correndo pela rua [...] e depois eles atravessaram para o outro lado da rua — quando eles chegaram perto do cruzamento na rua 102, parece que fizeram uma curva à direita. Lembro-me de dizer que, tanto quanto eu pude ver, eles entraram à direita na 102.
> Tribunal: Você continua dizendo "eles". Você quer dizer...
> Testemunha: A pessoa, o homem.
> Tribunal: A pessoa.
> Testemunha: Desculpe-me.

No início do julgamento, quando entrevistei Scaring, ele estava tão — ou quase — otimista quanto Leventhal. Disse que os promotores tinham uma "causa péssima" contra Borukhova e que tudo o que podiam esperar era que Mallayev, contra quem eles tinham argumentos mais fortes, talvez a afundasse junto com ele. "Eles tinham escutas telefônicas e não foram capazes de obter qualquer prova incriminatória", disse Scaring. "Eles tinham mandados de busca para todos os lugares e não foram capazes de obter nenhuma prova incriminatória. Interrogaram Mallayev por horas, tentando levá-lo a implicar Borukhova, e ele nunca fez isso", prosseguiu ele. "Nós vamos argumentar que as circunstâncias não são convincentes e que está claro que Daniel tinha outros inimigos. Quem são eles e que motivo podem ter tido, isso ninguém procurou saber. O promotor olhou somente para a doutora Borukhova." Mas Scaring nunca apresentou o roteiro alternativo com outros inimigos que teria livrado Borukhova, e agora ele estava contrariado e amargo, um leão ferido, que já não se importa se um jornalista ouve sua choradeira.

"Você sabe, defender um cliente inocente é a coisa mais difícil para um advogado de defesa. Eu não assumi o caso até ter falado bastante com ela, e acreditei que ela era inocente desde o início."

"Mas quem fez aquilo, se não foram os dois? Para livrar o inocente você precisa encontrar o culpado."

"Deveria ser o contrário. Deve-se presumir a inocência."

"A presunção de inocência é uma espécie de farsa, não é?", disse eu, para ver o que Scaring diria.

"A promotoria tem uma vantagem esmagadora", disse ele. "O júri entra e imagina que o réu não estaria lá se não fosse culpado. Eles não confiam no advogado de defesa. E, se há qualquer viés do juiz, se houver qualquer linguagem corporal do juiz que apoie esse viés, torna-se quase impossível superar." Scaring falou do viés de Hanophy pela linguagem corporal: "Durante o sumário da acusação, Hanophy estava sentado atrás de sua mesa ouvindo atentamente. Durante os sumários da defesa, ele andou para lá e para cá parecendo entediado".

Scaring, como muitos advogados criminalistas, começou sua carreira como promotor. Na primeira entrevista, ele falou longamente sobre um julgamento de que participara quando era um jovem assistente da promotoria no condado de Nassau — "o caso mais emocionante que já processei" — contra um certo dr. Charles Friedgood, que deu à sua mulher uma injeção letal e cortou o corpo dela em pedaços. Depois que ele obteve a condenação de Friedgood, a "rotina" de casos de assassinato entediou Scaring e o impeliu para a advocacia de defesa, que ele tem praticado desde então. Scaring iniciara a investigação de Friedgood e estava totalmente convencido de sua culpa. Perguntei-lhe se, sabendo o que sabia, ele teria assumido o caso como advogado de defesa. "Claro", respondeu. "Com certeza. Poderia até ter vencido." Quando perguntei como é ganhar uma absolvição para alguém que você sabe que é culpado, ele falou sobre outra coisa. Então o pressionei novamente sobre o assunto, e de novo ele se esquivou. "O que mantém os promotores e os detetives da polícia alertas é saber que vão enfrentar advogados qualificados. Isso faz o sistema funcionar melhor. E deixarei as coisas assim."

Perguntei-lhe se ele teria feito alguma coisa diferente em sua defesa de Borukhova.

> O que teria acontecido se eu não a tivesse posto no banco das testemunhas? Acho que eles a teriam condenado em um piscar de olhos. Não, não tenho nenhum arrependimento. Não havia nada que eu pudesse fazer em relação ao meu sumário. Eu tinha de fazê-lo. Teria sido bom se eu pudesse me levantar na manhã de sexta-feira e dizer ao juiz: "Eu não posso apresentar o sumário porque não estou preparado". Mas, como advogado, não tenho esse tipo de independência, tenho que seguir as diretrizes do tribunal. Se eu

tivesse dito: "Não posso fazer o sumário", ele poderia ter replicado: "Se você não o fizer, estará renunciando a ele". Sou uma pessoa honrada. Eu não alegaria estar doente quando não estou. Não havia opção, a não ser ir em frente despreparado. Então foi negado a ela o direito constitucionalmente garantido de assistência jurídica efetiva.

22.

Em uma tarde de domingo, alguns dias depois do veredicto, Alla Lupyan-Grafman me levou em excursão pela região dos bucaranos em Forest Hills, um bairro de casas agradáveis em ruas laterais que ladeiam uma avenida (chamada rua 108) onde se enfileiram prédios de apartamentos bem conservados, de tijolos vermelhos. Depois de cerca de oito quadras, a avenida fica em pior estado (aparecem poucas sinagogas) e então se transforma em uma Main Street, um trecho de rua comercial, com mercados de alimentos e pequenas lojas de roupas e produtos eletrônicos, bem como escritórios junto à calçada, entre eles o consultório médico onde Borukhova atendia. Antes de chegarmos ao playground Annadale, na rua 64, próximo da Main Street — nosso destino final —, Alla conduziu-me pelas ruas laterais onde as mansões de que ela me falara tinham sido erguidas e continuavam a ser construídas. Elas compunham uma visão espantosa. Mas não foi só o tamanho que me fez olhar com assombro. Com suas colunas de pedra ornamentada, balaustradas douradas de ferro batido, varandas e janelas de dois andares, não pareciam casas particulares, mas embaixadas. Podiam-se imaginar bailes e recepções acontecendo em seus salões; não se imaginariam famílias sentadas para jantar ou assistindo TV. Muitas dessas construções estavam quase prontas, e operários entravam e saíam delas. Perguntei a Alla quem eram os imigrantes bucaranos que podiam pagar por aquelas residências e de onde vinha seu dinheiro. Ela deu de ombros e disse "máfia", mas não conseguiu entrar em detalhes. A palavra "máfia", tal como a palavra "natureza", muitas vezes ocupa o lugar do que não pode ser entendido. Uma manhã, a sala do tribunal de Hanophy ficara petrificada diante do testemunho de uma funcionária de um banco da Geórgia que confirmara que a instituição havia incrivelmente emprestado milhões de dólares a Mallayev para a construção de um conjunto habitacional nos arredores de Atlanta, mesmo sabendo que ele devia centenas de milhares de dólares para empresas de cartão de crédito, entre outros credores. Nenhuma explicação foi dada para a generosidade sem sentido do banco. As forças que governam — e periodicamente dizimam — a economia não estão ao alcance da nossa compreensão.

Alla e eu chegamos à zona comercial e viramos na rua 64. O playground Annadale estava a uma quadra e meia de distância. No julgamento, quando a promotoria mostrou gráficos nos quais as testemunhas oculares do tiroteio fizeram marcas para indicar onde estavam quando viram o que viram, tive dificuldades para imaginar a cena e, agora que estava no local, as coisas não ficaram muito mais claras. O lugar era apenas mais uma das concessões relutantes da cidade às reivindicações do prazer infantil inócuo. Não havia nenhum vestígio de violência entre seus balanços e escorregadores banais. Mas, a uma quadra de distância, restava um vestígio da vítima. Quando Alla e eu passamos por um prédio de apartamentos de tijolo, na rua 64, ela apontou para um toldo vermelho sobre uma porta branca na qual as palavras "Ortodontista/Fisioterapeuta" estavam impressas. "Este era o consultório de Daniel", disse ela. Desconcertantemente, o nome do homem que morrera havia dezessete meses ainda estava em uma placa pendurada em um poste de metal ao lado da porta: "Daniel Malakov, Ortodontista D.D.S. P.C.", com uma tradução em russo abaixo dela, seguida por "Gavriel Malakov, P.T. Fisioterapeuta", também com o texto em cirílico abaixo. Gavriel, irmão mais novo de Daniel, compartilhara o consultório com ele e evidentemente ainda atendia lá.

No domingo seguinte, voltei a Forest Hills, impelida por um impulso inexplicável de refazer os passos que eu dera com Alla. Quando parei na frente de uma das enormes casas para fazer um esboço dela, um operário saiu e me convidou a entrar. Ele falava inglês com sotaque russo e me mostrou com orgulho as requintadas molduras e os papéis de parede em relevo que estavam sendo aplicados às paredes das salas grandes para dar-lhes a requisitada aparência ligeiramente brega de esplendor imperial russo. Na rua 64, peguei minha caderneta de anotações novamente para escrever as palavras que estavam na placa em frente ao consultório dentário de Daniel. Enquanto eu escrevia, um homem alto e idoso de quipá apareceu de repente, e reconheci imediatamente Khaika Malakov. Ele olhou para mim sem surpresa ou mesmo interesse, como fazem personagens em sonhos. Eu também não senti nenhuma surpresa. Apresentei-me como jornalista — talvez ele se lembrasse de me ver na sala do tribunal? — e perguntei se poderíamos conversar. Khaika pegou em silêncio uma chave e abriu a porta branca. Segui-o até uma sala de espera em que tudo era preto: o balcão alto da recepcionista, o piso de linóleo, as cadeiras encostadas ao longo de uma parede. Khaika fez sinal para que eu sentasse em uma das cadeiras e se acomodou na seguinte. "Todo mundo me congratula", disse ele.

Você ganha causa. Justiça é feita. Mas neste caso ninguém ganha. Especialmente Michelle. Perdi meu filho. Meu adorável, adorável filho. Ele tinha educação superior. Todo mundo precisa dele. Especialista de muita alta classe, muito importante. Minha família o perdeu. Todo mundo perdeu. Ninguém vencer. Todas as famílias sofrem. Família dos assassinos sofre agora. Este caso não é esporte, não é transação comercial. É caso muito estúpido. Muita gente me felicita. Eu não sei o que dizer.

Khaika começou a falar com grande angústia e amargura da morte de sua filha, Stella, a mais velha de seus quatro filhos, que ocorrera um ano antes do assassinato de Daniel. Ela fora tratada de leucemia no hospital Sloan-Kettering com um medicamento experimental cujos efeitos colaterais, Khaika acreditava, a tinham matado. Ele tentara intervir — disse que sabia que a droga iria fatalmente enfraquecer seu sistema imunológico —, mas o médico grosseiro que a administrou não lhe deu ouvidos. Stella morreu de pneumonia, como Khaika previra que aconteceria, aos quarenta anos. Ele odeia o médico.

Ele falou da "família que matou meu Daniel" e de sua certeza de que a mãe, as irmãs e o irmão de Borukhova participaram da trama; disse que gostaria de vê-los processados. Propôs que pusessem um eletrodo no cérebro de Borukhova, para que "cada vez que tocasse na cabeça, ela lembrasse do que fez". E continuou: "O sistema carcerário americano não é como o sistema russo. Eles têm TV, não trabalham, podem ir à escola. Podem fazer exercício. Fácil demais. Na prisão russa é muito difícil".

Eu disse — entrando no estilo associativo da conversa de Khaika — que em *Crime e castigo* Raskólnikov ganhou apenas oito anos de Sibéria.

"Oito anos na Sibéria é como oitenta anos aqui", disse Khaika. "É muito frio na Sibéria. Eles trabalham em minas subterrâneas.

Depois de três anos, todo mundo está doente." Ele voltou para a família Borukhova. "Marina mentiu por três dias. Toda a família tem uma personalidade ruim." Ele disse que Natella tivera cinco filhos e nunca permitiu que os pais do marido fossem à casa dela.

Eu soubera que Ezra Malakov era um ilustre divulgador e intérprete de *Shash maqam*, um gênero musical clássico da Ásia Central, e gravara vários CDs. Perguntei a Khaika onde poderia obter um deles. Ele disse que tinha uma coleção de gravações de Ezra em casa e me convidou para ir até lá e pegar um CD. Enquanto caminhávamos para sua casa, passamos por um prédio de apartamentos que Khaika identificou como sendo o lugar em que a mãe e as irmãs de Borukhova moravam. Na rua 108, passamos pelo consultório de Borukhova e vi que sua placa, tal como a de Daniel, ainda estava lá. A casa de Khaika, a poucas quadras de distância, em uma rua lateral, não é uma das mansões pretensiosas; é uma pequena casa de alvenaria de aspecto agradável, indistinto. A sala tinha uma ordem artificial. Havia uma grande mesa polida no meio cercada por cadeiras grandes, um aparador enorme com porcelanas e cristais, jogos de chá e bibelôs atrás de suas portas de vidro, uma grande pintura emoldurada em ouro do Muro das Lamentações, em Jerusalém, um piano vertical preto, tapetes persas, sofás de couro e, na janela, um vaso de gladíolos e hortênsias.

Junto com o CD, Khaika me deu um livro que escrevera sobre Stella intitulado *Lenda de uma filha amada*. Metade do texto, ilustrado com fotografias em cores, está em russo, seguida por uma tradução malfeita para o inglês. Apesar de frases como "Ela nunca saiu no escuro com um sujeito", tem-se a imagem de uma mulher de excepcional beleza física, intelectual e moral. Stella parecia não ter defeitos. Era modesta, generosa, espirituosa, adorável, brilhante, inteligente e excepcionalmente bonita. Era uma professora de matemática do ensino médio capaz de levar a compreensão até mesmo aos alunos que tinham tropeçado irremediavelmente pelo caminho nos anos anteriores; ela só descansava depois que eles entendiam. "Ao ler este livro", escreveu Khaika,

> a gente vai pensar, "Aí está, uma pessoa faleceu e, a fim de lembrar essa pessoa, tentam descrever um ser humano irreal". NÃO, caro leitor, ela realmente era real, um ser extraordinário. [...] Deus enviou uma criação dizendo: Aqui, gente, olhem para minha criação! Olhem para o que posso criar e, se puderem, aprendam com ela! Deus a manteve na terra tempo suficiente para que ela deixasse sua marca nos outros, e depois a levou de volta.

As canções nas gravações de Ezra eram diferentes de tudo o que eu já ouvira. Sobre uma instrumentação que, em seus ritmos circulares, provocativos e zunidos vibrantes, evocava dançarinas de harém, as palavras *baruch atah adonai* se destacavam na voz vigorosa e áspera de Ezra. Depois que toquei o CD algumas vezes, comecei a gostar.

23.

A audiência da sentença, em 21 de abril, teve a atmosfera de uma execução pública. A bancada do júri estava cheia de cinegrafistas, que ocupavam uma fileira e apontavam suas câmeras pesadas, como se fossem fuzis. Todos os assentos estavam tomados. A primeira fila foi novamente reservada para detetives da polícia e funcionários da promotoria, e a horda dos Malakov parecia ainda maior do que a que viera para ouvir o veredicto. O juiz Hanophy chegou vestido com um elegante terno cinza; ele enfiou a toga somente no final do período obrigatório de espera. Trouxeram Borukhova e Mallayev, mas eles não foram libertados imediatamente de suas algemas; Scaring teve de pedir a Hanophy para que isso fosse feito. Borukhova usava um turbante de tecido cor de marfim estampado, uma saia longa preta e branca e seu casaco branco. Mallayev estava de terno escuro. Durante toda a audiência, Borukhova escreveu num bloco amarelo de anotações. Scaring e Siff haviam apresentado moções "para anular a condenação", e Donna Aldea se levantou para apresentar os argumentos da acusação contra eles. Enquanto ela derrubava claramente as alegações de Scaring e Siff de injustiça e parcialidade, pensei na caracterização que Billy Gorta fizera dela como representante dos alunos em uma escola britânica.

Depois que Scaring e Siff haviam respondido e o juiz dissera "moções negadas", a audiência de sentença propriamente dita começou com uma série de declarações de "perdas da vítima". A primeira declaração foi lida em voz alta por Khaika Malakov, em russo, com Alla traduzindo. Ele falou sobre os méritos profissionais e as virtudes pessoais de Daniel. Expressou sua gratidão à polícia e à promotoria. "Sabemos como seria difícil encontrar o assassino e como é difícil, especialmente sob o sistema democrático, provar a culpa." Elogiou o "profissionalismo" de Hanophy, fazendo uma pausa para observar que, no início do julgamento, "achei que o juiz se inclinava para os réus, para os criminosos. Ele me pareceu ser cruel. Ele não me deixou gritar ou chorar na sala do tribunal, então choramos em silêncio, estávamos gritando por dentro nesta sala do tribunal e sofrendo em silêncio". Repetiu sua observação sobre o vazio das congratulações que recebeu depois do veredicto: "Não há vencedores aqui". E concluiu dizendo: "Como diz o velho livro, olho por olho, morte por morte, mas felizmente para os assassinos que cometem tal crime não existe essa pena nos Estados Unidos de hoje". Ele pediu prisão perpétua sem liberdade condicional.

Gavriel fez uma breve declaração (em inglês) e solicitou a mesma sentença. Em seguida, Leventhal leu as cartas da mãe de Daniel e de um sobrinho e uma sobrinha — os filhos de Stella, Yuri Normatov e Lyudmila Normatova. A mãe lembrou do nascimento de Daniel na ambulância que a levava para o hospital. "Eu o dei à luz rápida, suave e facilmente. Daniel veio a este mundo dessa maneira e viveu sua vida da mesma forma." Yuri escreveu que seu tio era "um indivíduo que queria tirar o máximo proveito da vida. Ele queria aprender sobre arte e moda, literatura, poesia e música. Seu objetivo era ser um homem cosmopolita". Ele dizia que os "últimos dias de respiração [de Daniel] foram os mais felizes de sua vida", e continuava:

> Posso dizer isso com absoluta certeza. Lembro-me de entrar em seu consultório alguns dias depois que Michelle estava morando com ele. Lembro-me de tudo perfeitamente. Michelle estava jogando com a secretária dele. Daniel estava fazendo uma pausa. Estava sentado na outra sala comendo uma romã. Ele me disse: "Quando vejo Michelle brincando na escola, penso no tempo passado em que não estive com ela e choro".

É óbvio que estava comendo uma romã. Os personagens da literatura russa estão sempre comendo (ou oferecendo) frutas em momentos significativos (Gurov, em *A dama do cachorrinho*, come uma fatia de melancia depois que ele e Anna dormiram juntos pela primeira vez; Oblonsky, em *Anna Kariênina*, está trazendo uma pera grande para Dolly quando ela o confronta com a infidelidade dele). Está no sangue da narrativa russa chamar a atenção para as frutas. A imagem da romã de Daniel tremeluziu por um instante nas mentes das pessoas sentadas na sala do tribunal do Queens e desapareceu até que, muitos meses depois, saltou para fora da transcrição do julgamento que uma das espectadoras estava lendo.

A sobrinha escreveu que Daniel "sempre soube que as mentiras e falsas alegações de sua esposa eram óbvias", e que "todo mundo sempre perguntou a ele 'por que você está deixando Mazoltuv torturá-lo dessa maneira sem fazer nada?'. Todos sabiam que seu objetivo principal era tornar a vida de Daniel desgraçada, como vingança por ele ter se divorciado dela".

Em seguida, Leventhal fez sua declaração. O trabalho que ele tanto amava exigia que ficasse emotivo e irado. Com a voz aguda em ascensão e gestos febris das mãos, ele chamou Mallayev de predador, maquinador e cúmplice do mal. Criticou com estridência Borukhova por sua "arrogância absoluta" ao acreditar que poderia se safar do crime e por sua violação do juramento de Hipócrates (embora continuasse a chamá-la insultuosamente de "senhorita", em vez de "doutora" — tal como o juiz), "quando contratou um assassino para matar a sangue-frio o homem que outrora compartilhara sua cama". Borukhova ouviu impassivelmente e continuou a escrever em seu bloco. Leventhal caracterizou o crime como "um dos assassinatos mais desalmados e insensíveis que já tive a oportunidade de investigar e processar". (Com certeza, *o* caso mais desalmado e insensível que ele processara [também perante Hanophy] era o assassinato cruel e sem sentido, em fevereiro de 2004, de um entregador chinês de dezoito anos por três adolescentes que o espancaram e esfaquearam até a morte quando ele chegou com a comida que haviam encomendado do restaurante de seu pai, com a intenção de roubá-lo para que pudessem comprar o tênis da moda.) Ele disse: "Esses réus são um verdadeiro perigo para a sociedade", e pediu a pena máxima. "São somente tais sentenças, excelência, que irão proteger a sociedade de criminosos como esses."

Siff pediu a pena mínima para Mallayev. (Do mesmo modo como, treze anos antes, Leventhal apelara em favor do aborteiro — "Excelência, ele não é nenhuma ameaça. Este homem não representa nenhum perigo para a sociedade. Trata-se de um homem que tentou fazer seu trabalho", é o que, segundo o *Times*, ele teria dito — fazendo *seu* trabalho no dia da sentença.) Depois Hanophy perguntou a Mallayev se ele tinha algo a declarar antes de ser sentenciado. O homem que ficara em silêncio durante todo o julgamento levantou então e falou longamente. Falou em um inglês hesitante, mas razoavelmente compreensível, de forma errante, confusa, totalmente inconvincente, mas estranhamente digna sobre como havia sido atropelado. "Eu nunca matei ninguém em minha vida", disse ele, e continuou:

Não posso culpar o júri pelo veredicto, pois eles ouvem o que têm de ouvir e o que eles supõem que ouvem para sustentar esse julgamento porque o senhor promotor faz tudo para que isso aconteça. Para dominar a mídia, o canal de notícias, todos os anúncios, e mais e mais com declarações mentirosas nos jornais, incitar a mídia. É tipo, ei, nós pegamos o assassino, este é o assassino, e fazer acreditar no que ele está falando sem nenhuma prova.

E:

O que eles buscam é satisfazer o povo de Nova York, ei, pegamos o assassino. Não se preocupe. Você pode ir ao playground. Nada vai acontecer.

Mallayev lembrou a declaração que fizera depois que foi extraditado: "Desde o primeiro dia do tribunal, quando menciono que vivo pelos Dez Mandamentos, o senhor promotor, e inclusive o juiz, riem disso". E continuou: "Mas a verdade é que me sinto tranquilo comigo mesmo e estou limpo diante de mim mesmo e de Deus, e ninguém pode me fazer matar alguém".

Scaring então se levantou para argumentar em favor de uma sentença branda para Borukhova. Ele disse, tal como dissera aos jornalistas muitas vezes antes, que o caso contra ela se baseava em "suposições e especulações". Disse que ela, tal como Daniel, era respeitada na comunidade por ser uma boa médica e uma boa pessoa. "É fácil para a acusação levantar-se, acenar as mãos e dizer que este é o pior caso que já viu, mas ele nem sequer a conhece. Ela é uma boa pessoa. Estou pedindo a sua excelência que não imponha uma sentença tão draconiana a essa pessoa boa."

O juiz falou: "Senhorita Borukhova, quer dizer alguma coisa antes de eu sentenciá-la?".

Borukhova fez a mais breve das declarações: "Eu apenas me repetiria mais uma vez, como mencionei na época em que meu marido foi morto: não tive nada a ver com esse assassinato. Não matei ninguém. Não tenho nada a ver com isso. Isso é tudo, excelência".

Hanophy deu a ambos os réus a pena máxima de prisão perpétua sem liberdade condicional. Ele citou dois exemplos das "provas esmagadoras neste caso". Um deles eram as impressões digitais no silenciador e o outro era o incidente de 1º de agosto. "A ré Borukhova estava tratando dele, ou seja, o réu, o réu, senhor Mallayev, por alguma doença no mesmo dia em que ele estava em Israel. Isso é realmente um trabalho de longa distância. Trabalho de longa distância." Ele condenou os réus um de cada vez:

> Senhor Mallayev, o senhor aceitou os 20 mil para matar o doutor Malakov. O senhor diz que é um homem religioso. Há um homem no Novo Testamento que diz: "Que aproveita ao homem ganhar a riqueza do mundo e sofrer a perda de sua alma imortal?". A ganância o levou a essa queda e o senhor vai pagar caro.

Que o homem do Novo Testamento não figurasse na religião de Mallayev, isso evidentemente não preocupava o juiz, que estava em seu elemento enquanto fazia sua homilia. Ele voltou-se então para Borukhova e disse:

> Senhorita Borukhova, a senhorita partiu em uma jornada de vingança, porque um juiz teve a ousadia de dar a custódia de sua filha para seu ex-marido. Outra citação, Confúcio desta vez, diz: "Uma pessoa que toma o caminho da vingança deve primeiro cavar duas sepulturas". Seu marido jaz em seu túmulo natural e a senhorita está prestes a entrar em seu internamento acima do solo de dois e meio por dois e meio, onde passará o resto de sua vida natural.

24.

A Secretaria de Administração Penitenciária da Cidade de Nova York faz as coisas em grande estilo. Quando liguei para lá e disse que queria visitar a ilha Rikers para ver as celas em que Mallayev e Borukhova tinham ficado, Stephen Morello, comissário adjunto de Relações Públicas e Comunicação, enviou um carro para me buscar. Foi poucas semanas depois da condenação, e Borukhova e Mallayev já não estavam mais na ilha — haviam sido levados para suas respectivas prisões permanentes —, mas Morello prontamente assentiu ao meu pedido de inspecionar seus antigos alojamentos. No caminho, o motorista, Sean Jones, um jovem simpático, com o título de oficial prisional adjunto, conversou com desenvoltura sobre a ilha que pertencera a uma família chamada Ryker e fora vendida para a cidade em 1884, por 180 mil dólares. Ele me contou que entre 82% e 85% dos presos aguardavam julgamento, e que o resto recebera penas de menos de um ano. Disse que Borukhova e Mallayev foram mantidos em "regime fechado" — com isolamento de outros prisioneiros — porque o caso deles era de "alto perfil". Mencionou que estavam tomando medidas de redução de custos na prisão; por exemplo, as doze fatias de pão que os presos costumavam receber diariamente tinham sido reduzidas para oito. Na ilha, Morello, homem de meia-idade, agradável e cortês, nos esperava diante de uma das prisões masculinas. Ele me conduziu para dentro do prédio e, acompanhado por um guarda, levou-me a um corredor de dez ou mais celas imundas. A maioria estava desocupada e tive permissão para entrar em uma delas, que o guarda identificou como sendo a de Mallayev. Nela havia um estrado de cama de metal, um colchão de plástico, duas caixas de borracha, um balde de lavagem de borracha, um vaso sanitário e uma pia. A tinta branca das paredes de ladrilho estava descascando; metade do piso estava coberta com manchas de linóleo e a outra metade, com a sujeira preta que se encontra embaixo do linóleo. Havia um aquecedor sob uma janela suja. Em uma das celas ocupadas, vislumbrei um homem deitado na cama, com um cobertor cinza puxado sobre o corpo e a cabeça. Ele poderia ter aparecido em uma das alegorias de Savage, como a Desesperança. Outra cela oferecia uma visão mais estranha ainda: uma mulher com longos cabelos ruivos. "É uma mulher transgênero", disse Morello. "Se têm genitália masculina, estão aqui." O almoço chegou e foi entregue por uma fenda na porta da cela. Era mortadela, purê de batatas, vegetais misturados, leite desnatado e quatro fatias de pão de trigo integral.

Mostraram-me um banheiro soturno, com um assoalho de ladrilho rachado, e depois me levaram para a sala do dia. Era um grande espaço com piso de concreto cinzento, vazio, exceto por uma cabine envidraçada, dividida em seis compartimentos, e uma pequena televisão fixada perto do teto e a uma grande distância da cabine. O lugar parecia uma instalação em uma galeria de vanguarda do Chelsea, mas, na verdade, era onde os presos em regime fechado podiam ver televisão, trancados em um dos compartimentos, durante uma hora de cada vez. Havia um prisioneiro jovem em uma das divisões, sentado tranquilamente em uma cadeira de plástico e olhando para a tela à distância, que mostrava propagandas. Parei e fiquei assistindo com ele, à espera do fim dos anúncios e do reinício do programa de TV propriamente dito. Mas isso não aconteceu. Inspecionei as fechaduras enferrujadas nas portas dos compartimentos; um deles continha um vaso sanitário cheio de urina. (Gostaria de saber como os presos usavam o banheiro se estavam trancados em seus compartimentos.) Olhei para trás, para o aparelho de televisão, que continuava mostrando anúncios, e o jovem ainda estava sentado em silêncio olhando para eles.

A prisão de Borukhova, no edifício Rose M. Singer, era menos brutal e suja que a dos homens. Rose M. Singer foi uma pioneira da reforma do sistema prisional, e o lugar refletia seu espírito benigno. As celas tinham a mesma nudez punitiva — havia igualmente apenas um leito, um colchão, caixas de borracha, pia e vaso sanitário —, mas estavam limpas, e cada uma delas era equipada com um televisor pequeno. O chuveiro era decente. Uma atmosfera de alguma forma feminina se fazia presente no edifício. Perguntei-me se as prisões femininas em geral eram menos asquerosas que as masculinas. Lembrei-me do testemunho de uma detetive policial chamada Claudia Bartolomei, que estivera presente durante o interrogatório policial de Borukhova no dia do assassinato, e que por duas vezes fez questão de dizer (uma vez em uma audiência prévia ao julgamento e depois no julgamento propriamente dito): "Levei-a ao meu banheiro que tinha artigos de toalete" — ao contrário do banheiro "muito mais sujo" utilizado pelos visitantes involuntários comuns da 112ª Delegacia. "Ela era uma médica", acrescentou Bartolomei. Mulher madura e bonita de 33 anos, com longos cabelos loiros com reflexos e maquiagem cuidadosa, Bartolomei é a comandante dessa delegacia. Quando poupou Borukhova do banheiro sujo e trouxe-a para o lugar de belos produtos de higiene, ela estaria sinalizando sua solidariedade para com uma irmã que, como ela, galgara degraus em uma profissão dominada por homens? Evidentemente, ao chamar a atenção para o status de médica de Borukhova, Bartolomei estava rompendo com a promotoria. Quando condenados por crimes, os médicos perdem a licença para exercer sua profissão; a estratégia de Leventhal era agir como se isso já tivesse acontecido: ele despojou Borukhova de seu estatuto profissional antecipadamente. Em sua narrativa, ela era uma simples assassina que fica em casa. Bartolomei falou de seu gesto gentil em resposta à acusação de Scaring de que o interrogatório de Borukhova fora impróprio — de que ela não fora informada de seus direitos e que, por muitas horas, um advogado que havia sido enviado para a delegacia por uma de suas irmãs tinha sido deliberadamente mantido fora da sala de interrogatório. A posição da polícia era que Borukhova fora interrogada como testemunha e não como suspeita e, portanto, nenhum aviso sobre seus direitos (ou advogado) era necessário. O gesto de Bartolomei foi apresentado para reforçar essa posição, para demonstrar seu respeito pelos direitos de Borukhova, mas o que ele realmente demonstrava era sua empatia com o melindre de Borukhova. O gesto não tinha nada a ver com o fato de Borukhova ser médica (o que um médico iria querer com artigos de toucador?) e tudo a ver com o fato de ela ser mulher. O melindre das mulheres é uma ideia que tem raízes profundas em nosso inconsciente coletivo. Na ilha Rikers, a influência desse conceito — e de seu corolário de que os homens são "muito mais sujos" — pode ser estudada e ponderada.

25.

No sábado, 10 de maio, às seis da tarde, toquei a campainha da casa de Khaika Malakov, na avenida 66. Ele me atendeu vestido com uma camisa branca, calça de moletom azul-marinho e sandálias, e parecia que esquecera o compromisso que tínhamos marcado alguns dias antes. Mas fez um gesto para que eu me sentasse em uma cadeira de vime que estava num canto do jardim e depois entrou de volta na casa. O jardim era um pequeno quadrado de lajes, cercado por canteiros de plantas, no centro do qual havia uma longa mesa de plástico branco. Khaika reapareceu com um pano branco dobrado. Observei-o retirar um maço de hortelãs murchas da mesa, regá-lo e inclicá-lo para que a água escorresse. Então desenrolou parcialmente o pano e o estendeu em uma das extremidades da mesa molhada. Fez sinal para que eu puxasse minha cadeira e pusesse o gravador sobre o pano. Sentou-se à minha frente, e, quando começamos a conversar, Ezra Malakov chegou. Estava vestido de modo formal (bem diferente de quando testemunhou no tribunal), com um terno cinza, camisa azul, gravata de seda branca com um desenho de volutas pretas e um chapéu *porkpie* que tirou, para revelar um topete de cabelos grisalhos e um quipá. Sentou-se à mesa, e eu pedi a Khaika para lhe dizer que havia admirado sua gravação. Ezra assentiu com a cabeça e pegou o jornal bucarano que trouxera. Khaika traduziu de forma intermitente nossa conversa para ele. Ele estava preocupado com um novo desdobramento: ouvira falar que Alan Dershowitz e seu irmão Nathan tinham assumido a apelação da sentença condenatória de Borukhova. "Eles convidam advogados de alta classe. Pode fazer alguma coisa? Você acha?" Eu disse que era difícil reverter condenações. "É claro. Especialmente Robert Hanophy. Ele não é estúpido. É muito profissional. Eles querem encontrar algum erro dele, mas ele não podia cometer erros."

Ezra falou algo em bucárico para Khaika, o qual disse que Ezra estava se oferecendo para escrever um relato da vida e do casamento de Daniel para mim. Ele o enviaria e eu poderia mandar traduzi-lo. Fiz uma contraproposta: por que ele não fazia seu relato para meu gravador? Ezra concordou e é isso que ele disse (na tradução de Alla):

O problema entre Marina e Daniel começou quando a menina nasceu. Ambos estavam trabalhando e alguém tinha de criar a filha. Daniel queria contratar uma babá, mas Marina disse: "Não, minha mãe vai cuidar da criança". E Dani disse: "Mas por quê, nós temos o dinheiro, temos a possibilidade, então por que dar trabalho para a mamãe, por que fazê-la sofrer quando podemos contratar uma babá?". Mas Marina disse: "Não, o bebê vai ficar somente com minha mãe. Confio somente em minha mãe". E a mãe tinha uns princípios estúpidos. Ela começou a brigar com Daniel: "Não faça isso. Não faça aquilo. Não dê isso. Ela não deve ter aquilo".

O bebê ficou doente. Teve pneumonia. Daniel levou a filha a uma médica. A médica era bucarana e, quando olhou para a criança, disse que deveriam dar água a ela. Você não deve lhe dar leite.

Então Dani voltou para casa e disse à sogra: "A menina está doente, não lhe dê leite, dê apenas água". E aquela mulher, mãe de Marina, disse: "Seu desgraçado, você sabe como criar filhos? Eu criei cinco crianças. Eu sei como criá-las. Como você sabe o que tem de fazer?". Então, Marina chegou em casa e viu que havia um escândalo entre Daniel e Istat, e naquela noite ele foi preso.

Depois, Dani não aguentou mais e pediu o divórcio, mas ela não queria ter um divórcio normal, em bons termos. Ela não queria se divorciar. Queria permanecer no controle, como as irmãs. As irmãs não respeitam seus maridos. Os maridos são como cães para elas. Os maridos têm medo delas. Ela queria mantê-lo sob seu controle e fazer o que bem entendesse. Assim, quando Daniel pediu o divórcio, elas inventaram novas mentiras, e uma delas era que ele tinha estuprado a filha. Ele foi torturado. Ele nunca nos disse o que estava acontecendo em sua família, era muito fechado sobre isso. E perdeu muito peso. Ele se tornou um esqueleto. Esqueceu tudo no mundo. Foi completamente empurrado contra a parede.

Havia uma ordem restritiva e ele não deveria ver a menina. Mas por fim ficou provado que não era verdade, e que era chantagem e era tudo obra dela, e a custódia temporária foi entregue a Daniel. E ela e sua mãe e irmãs, e o irmão, não podiam aceitar o que aconteceu. Pensaram que Daniel e nossa família haviam subornado o juiz e as testemunhas. Nunca admitiram a própria culpa e, quando não conseguiram o que queriam, escolheram pegar essa estrada terrível. Decidiram matá-lo e acharam que isso resolveria o problema. A menina voltaria para Marina e o dinheiro de Daniel iria para ela. Isso era absolutamente estúpido. Elas eram muito míopes e durante o julgamento tudo foi descoberto.

Ezra acrescentou um arremate ao relato:

O irmão da mãe de Marina matou sua sogra com um machado. Foi há cerca de quarenta anos. Istat, a mãe de Marina, é uma pessoa terrível. Todo mundo em Samarcanda sabia como ela fez seu marido sofrer. Ela o torturava constantemente. Seu nome era Mirel. Ele era gerente de um supermercado em Samarcanda, uma pessoa muito respeitável. Todo mundo gostava dele. Ele morreu há trinta anos. [Na verdade, morreu em 1995.] Ela era muito ruim. Antes de morrer, ele disse às pessoas na rua: "Prefiro morrer aqui na rua do que com minha esposa".

26.

Perto do final do monólogo de Ezra, um homem, duas mulheres e três meninas vieram para o jardim. Eram Joseph Malakov, o mais velho dos filhos sobreviventes de Khaika; sua esposa Nalia; suas filhas Sharona e Julie; e a cunhada de Nalia, Roza Younatanova, com sua filha Adina. Os adultos sentaram-se à mesa e as crianças adejavam pelo jardim. Joseph é farmacêutico. Seu nome aparece em um dos depoimentos judiciais de Borukhova, em um parágrafo em que acusa Daniel de envenená-la com medicamentos — obtidos com Joseph — que aumentaram perigosamente seu nível de hormônios da tireoide. Leventhal apresentou essa acusação como talvez a mais bizarra das mentiras de Borukhova. Joseph é um homem moreno e bonito, de compleição sólida, de quarenta e poucos anos. Achei-o o mais simpático dos Malakov. É o mais assimilado. Seu inglês quase perfeito é coloquial, e seus modos são agradáveis e naturais. Ele começou a falar sobre um obscuro sentimento de culpa que tinha em relação à morte de Daniel e, em seguida, me pediu para não gravar nossa conversa porque era *shabbat*.

Nalia, uma morena esguia de 41 anos, falou sobre o assassinato sem inibição. "Eu a vi no hospital e a ataquei. Sabia com absoluta certeza que era ela. Eu disse: 'Garota estúpida, estúpida, o que você fez? Você nunca mais verá Michelle'." Nalia, que administra uma loja de noivas no Queens Boulevard, usava uma saia longa, mas parecia uma mulher americana que optara por usar uma saia longa, em vez de uma bucarana em seu traje religioso obrigatório. Enquanto ela falava, percebi — como uma pessoa se torna consciente do pipilar de pardais — vozes infantis suaves. As meninas estavam adejando ao redor de minha cadeira, e uma delas, Sharona, de sete anos, falava de outra criança: "Ela é tão alegre. Está sempre brincando". Minha audição pela metade tornou-se plena quando percebi que ela estava falando de Michelle e queria que eu ouvisse o que dizia. Michelle morava agora com Gavriel Malakov e ia muitas vezes à casa de Joseph. Perguntei a Sharona: "Como assim, ela está sempre brincando?". A criança explicou que Michelle continuava com jogos muito tempo depois que as outras crianças tinham se cansado deles. Ela era incansável. E "tão alegre", repetia Sharona, uma criança rija e vivaz, com olhos escuros inquietos. Ela era uma mensageira do mundo das crianças que estava confiando em mim — uma estranha do mundo distante dos adultos — para decodificar a mensagem da "alegria" de sua prima órfã.

Despedi-me e saí do jardim de Khaika. Enquanto caminhava em direção à rua 108, encontrei Gavriel, um homem jovem e magricela cujas roupas de cores claras tinham um ar de fantasia, empurrando um carrinho com um menino dentro, e sua esposa, Zlata, uma mulher magra e de aparência muito jovem com óculos de aros de ouro, segurando um bebê. Vinham precedidos de uma criança em um triciclo, pedalando vigorosamente e rindo de uma forma forçada e exagerada. Era Michelle. Gavriel me reconheceu da sala do tribunal e parou para trocar algumas palavras. Caminhando para o metrô, amaldiçoei a mim mesma. Se tivesse ficado no jardim de Khaika por mais um minuto, teria tido a oportunidade de observar Michelle no coração da temida família de seu pai. Mas talvez a visão rápida de seu rosto distorcido por um riso sem alegria fosse o suficiente para meu objetivo jornalístico. Acho que recebi a mensagem.

27.

Oito dias depois, num fim de tarde de domingo, fui visitar Joseph e Nalia em sua grande, mas não exagerada, casa de tijolos, na arborizada rua 68. Conversamos sentados à mesa da espaçosa e moderna cozinha, com vista para um jardim no meio do qual havia uma grande piscina azul, enquanto seus quatro filhos — Sharona, Julie, de seis anos, Simona, de quinze, e Ariel, de dezessete — entravam e saíam da cozinha, desaparecendo depois no andar de cima. O casal ofereceu frutas e chá em copos pequenos, e cenas do casamento de Daniel e Marina. Joseph disse: "Quando eles se casaram, caminhavam pela rua 108 de mãos dadas. Meus amigos diziam: 'O que há com eles? Não são crianças pequenas. Por que andam de mãos dadas?'. Eu respondia: 'Escute, eles estão felizes, quem se importa?'".

"Nós não demonstramos afeto na rua", disse Nalia. "Nós o mostramos dentro de casa. Não é costume mostrá-lo na rua." E continuou: "Ele era muito romântico. Depois de casamentos, fazemos *sheva brachot* para as moças, fazemos festas em que as pessoas rezam por você e lhe desejam felicidade. E todas as noites

Daniel fazia um discurso sobre como ele a amava e como ela era a mulher de seus sonhos. E não era apropriado. Nós não falamos sobre amor. Mas ele dizia o que lhe vinha à cabeça, sem pensar no que as pessoas iriam dizer. Se eu fizesse um discurso, sempre teria a consideração que tenho de dizer algo apropriado para a sociedade".

Joseph e Nalia com certeza não viam nenhuma impropriedade em falar de forma imprudente a uma jornalista. O homicídio viola o contrato social e zomba da privacidade. Haviam avidamente cooperado com a promotoria e, do mesmo modo, me contaram avidamente suas histórias — como as vinham contando para outros jornalistas — na crença talvez não tão absurda de que os jornalistas fazem parte do sistema de justiça criminal: pequenos, mas necessários dentes da engrenagem de seu mecanismo de punição. Como os advogados de defesa perdedores estão acostumados a fazer, Scaring falara amargamente do papel da imprensa em sua derrota. Disse que os réus haviam sido julgados e condenados pela imprensa, e é verdade que a imprensa se apropriou da narrativa da acusação. O jornalismo é um empreendimento de tranquilização. Não torcemos nossas mãos e rasgamos nossas roupas diante dos crimes e desastres sem sentido que nos proporcionam nossa matéria. Nós explicamos e culpamos. Somos conhecedores da certeza. "Ei, nós pegamos o assassino. Não se preocupe. Você pode ir ao playground. Nada vai acontecer."

Joseph disse então: "Minha sobrinha, filha de Stella, perguntou certa vez ao meu irmão sobre maridos e esposas. 'O que significa ser marido e mulher?' Daniel pegou uma maçã e disse: 'Está vendo? Isso é marido e mulher — uma coisa. Sem começo nem fim'". Enquanto ele contava essa história (achei que já a escutara antes — Khalil Gibran?), o próprio Joseph pegou uma maçã pequena e bonita de uma compoteira que estava sobre a mesa e a girou em sua mão erguida. Ele continuou: "Antes do nascimento da criança, quando Daniel e Marina se casaram, ele se entregou totalmente. Quando ela fazia residência no Brooklyn, ele estava em seu consultório no Queens atendendo pacientes, e de repente ela telefona e diz: 'Daniel, estou com fome, você pode me trazer alguma coisa?'. Eu estava lá uma vez quando isso aconteceu. O consultório estava cheio de pacientes. Mas ele sai, pega uma refeição *kosher*, dirige todo o caminho até o Brooklyn, dá-lhe a comida e faz todo o caminho de volta. Os pacientes esperaram por duas horas. Eu disse: 'Dani, isso não está certo'. Ele retrucou: 'Escute, não é da sua conta. A vida é minha, eu faço isso'. Ele nunca estabelecia um limite e dizia 'pare, você está me pedindo demais'. O que ela quisesse, era feito. Se era razoável ou não, àquela altura tudo era lindo. Depois, Michelle nasceu e os problemas começaram".

Joseph contou outra versão da história sobre a retirada do leite do bebê.

O bebê está chorando e Daniel diz que eles o estão alimentando de forma inadequada. Mas ele não é um pediatra, não assume a responsabilidade. Ele diz, vamos ao médico. Então, eles vão ao médico, o médico examina o bebê e lhes dá orientações sobre o que têm de fazer: eliminar a comida que estão dando e dar água conforme um horário determinado. Então ele está lá, a esposa está lá, a sogra está lá. Todo mundo ouve quais são as recomendações do médico. Eles chegam em casa e elas voltam a fazer as coisas da mesma maneira que faziam antes. Então Daniel vira e diz: "Gente. Nós acabamos de ir ao médico. Tudo bem, vocês não aceitaram minha palavra. Mas o médico deu instruções específicas". Então, elas dizem: "Sabe o que mais, você cale a boca". Eu não sei as palavras exatas, mas elas desconsideravam o que ele dizia. Então, ele começou a acordar. Ele começou a ver que as exigências não eram razoáveis.

O celular de Joseph tocou e ele deixou a mesa para atender.

Perguntei a Nalia sobre sua relação com Borukhova. "Nunca convivemos como cunhadas", respondeu. Ela relembrou uma visita desagradável ao apartamento de Marina e Daniel logo depois do nascimento de Michelle. "Fui com as crianças para ver o bebê, e a sogra não nos deixou vê-lo. Ela não permitia que meus filhos chegassem perto do bebê. Ela era do tipo 'caiam fora' com meus filhos. Eu era do tipo 'se você não quer meus filhos perto do seu bebê, não vou mandá-los'. Então, nunca tive nenhum contato depois dessa vez."

Joseph voltou para a mesa e falou sobre a extraordinária tranquilidade com que Daniel avançou na vida. "Ele emigrou depois de mim e morou conosco de início. Eu já sabia o que deveria ser feito, mas, mesmo assim, muitas vezes as coisas não funcionam. Com ele, tudo era simplesmente fácil e tranquilo. Ele foi, conseguiu toda a papelada, deu tudo certo. Ele foi para o York College, depois para a Universidade de Nova York e Columbia, para fazer ortodontia. Ele se deu bem em todos os lugares."

Nalia disse: "Nunca senti que ele me atrapalhava. Eu estava grávida do meu filho. Disse a ele: 'Não posso limpar depois que todo mundo comeu. Se você vai comer, limpe depois você mesmo'. Ele dizia: 'Sim, chefe'. E limpava depois. Ele lavava a roupa".

Joseph lembrou de uma viagem a Londres com Daniel, Nalia e Stella. Eles chegaram ao Globe Theatre para ver *Muito barulho por nada*, mas estava esgotado. Daniel desapareceu por alguns minutos e voltou com ingressos que tinha de alguma forma adquirido. O telefone de Joseph tocou novamente. Depois que desligou, disse que tinha de sair — ia pegar um remédio em sua farmácia para um parente doente.

Nalia encheu de novo meu copo e disse:

> Fizemos uma festa de aniversário para meu marido quando ele completou 35 anos. Daniel e Marina vieram, e, quando a dança começou,

todo mundo ficou olhando para eles. Ela tinha cabelos longos e estava dançando de forma provocativa. Punha uma perna sobre a dele, torcia a cabeça e seu cabelo estava todo em cima dele, e ele a dobrava e ela fazia todos aqueles movimentos de mão. Não era uma dança que você faria na frente das pessoas. Você poderia fazê-la em um quarto ou em uma boate em Manhattan. Você simplesmente não dança daquele jeito aqui. Não era adequado. Se eu lhe mostrasse o vídeo — eu tenho uma cópia —, você ficaria chocada.

Ela disse que procuraria o vídeo.

Ariel, que reaparecera e estava ouvindo a conversa da porta, lembrou Nalia de outra das indecências de Borukhova: "Na festa de aniversário, meu filho está andando e pedindo às pessoas que façam discursos para meu marido. Quando ele pede a Marina, ela só fica olhando para ele. Ela não respeita meu filho. Ela não diz não, eu não posso fazer isso agora, farei mais tarde. Ela simplesmente o ignora e dá as costas".

Ariel disse da porta: "No casamento dela, estava com um batom roxo escuro".

"Sim, e estava de sutiã preto por baixo do vestido branco", disse Nalia. Ela fez uma pausa e acrescentou: "Além disso, estava menstruada. Não lembro se foi Stella ou Joseph que me disse que eles não iam ficar juntos naquela noite. Pensei, como se pode ser tão estúpida? Você jamais deveria estar menstruada no dia do *chupá*. Você vai ao médico e toma comprimidos para não começar seu período. Você está pura. Você está limpa. Eu pensei, como é estúpida essa garota. Quer dizer, ela é uma moça religiosa. E quando ela usou o sutiã preto..."

"Essa moça é estranha", disse Ariel.

"Por três dólares você pode comprar um sutiã", disse Nalia.

Convidei Ariel a se juntar a nós na mesa, ele veio e sentou-se no lugar de seu pai. Ariel falou com admiração da casa que Daniel comprou depois que saiu do apartamento que compartilhava com Borukhova. "Ele tinha um grande quintal, grama e árvores por toda parte. E dentro — não era como a casa de um bilionário. Ele a fez muito simples, elegante, humilde, agradável. Um belo sofá, um piano legal, uma guitarra encostada lá, belas cortinas. Ele sabia como se vestir. Tipo seu closet. Estávamos na casa dele depois do enterro. Entramos em seu closet. Quando ele estava perto de nós no bairro, sempre se vestia com simplicidade, com roupas tipo Marshall ou Sears. Mas, quando você entrava no seu closet, via que ele tinha Prada, Armani, Hugo Boss, todas essas marcas. Imagino que ele costumava usar isso em encontros amorosos e coisas assim." Eu pensei, Dr. Jekyll em suas calças de brim cáqui da Sears e Mr. Hyde em seu Armani? E, como é que esse menino de um lar religioso e uma comunidade fechada de imigrantes sabe de Prada e Hugo Boss?

"Daniel podia conseguir um encontro com facilidade", disse Nalia. "Quando estávamos na Europa, ele saía cada noite com uma mulher diferente."

A mãe e o filho começaram a falar sobre a preocupação de Daniel com dieta e nutrição. Quando morava com Borukhova, começara a sentir dores de estômago para as quais não se descobriu nenhuma causa, mas que o impediam de comer normalmente e resultaram em uma grande perda de peso. "Quando ele se separou de Marina, as dores foram embora", disse Nalia. Mas ele manteve sua dieta especial e permaneceu esquelético. "A única coisa que eu o via comer era aveia ou arroz orgânico", disse Ariel. Nalia descreveu uma refeição em sua casa na noite do sábado anterior ao assassinato. "Daniel trouxe Michelle aqui para comer. Fiz uma sopa com macarrão e trigo-sarraceno. Daniel não deixou a menina comer o macarrão. Ele estava obcecado pelo peso dela. Ela era uma criança gordinha, e ele era do tipo 'não lhe dê nada que engorde'. Eu sou do tipo 'ela é uma criança. Deixe-a comer.

Ela vai gastá-las'. Ele disse: 'Não. Engorda'. Então, ele continuou a tirar o macarrão. 'Certo, deixe-a comer o trigo-sarraceno. É saudável.' Ele era muito cuidadoso com nutrição e saúde. Arroz integral, nada de arroz branco, nada de farinha branca. Ele não deixava sua mãe cozinhar nada para ele. Jamais comia na minha casa. Ele cuidava do que comia. Estava muito magro. Corria no parque todos os dias. E naquela noite de sábado, quando sua filha estava aqui e eu lhe dei sopa, ele não parou de tirar o macarrão."

Joseph voltou de sua missão de misericórdia e retomou seu lugar à mesa enquanto Ariel escapulia. Nalia fez um jantar com as sobras do *shabbat*: uma caçarola de peixe, um prato de berinjela, beterrabas, salada, queijos, pães. Enquanto comíamos, ela falou sobre sua ansiedade depois da decisão de Strauss. "Eu liguei para Daniel e disse: 'Você tem de dar o bebê a ela. Você sabe que ela não é uma pessoa normal. Ela é muito obsessiva em relação à criança. Quando estou longe dos meus filhos por dois dias — e eu sou uma pessoa normal — fico louca. Telefono para eles todos os dias. Ela não é uma pessoa normal. Você tem de dar o bebê a ela'. Ele disse: 'Claro que eu vou lhe dar o bebê. Eu nunca quis tirá-lo dela. Eu não sabia que eles iam me dar a criança. Vou lhe dar a criança. Eu só quero vê-la uma ou duas vezes por semana. É isso. Eu não preciso de custódia.'"

Nalia voltou à dança transgressiva na festa de aniversário. "Se eu lhe mostrar a dança que eles fizeram, era como se os dois estivessem sozinhos na sala. Como se pusessem um perímetro em torno deles, os dois sozinhos dançando essa dança exótica. Stella disse: 'Se ela dança assim, ela o entende. Eles são feitos um para o outro'. Stella tentou fazer com que eles voltassem. No início, eu também pensei que eles combinavam bem. Falavam sobre Dostoiévski, Nabokov e todos esses autores russos. Ela costumava citar um livro que ambos estavam lendo. Uma vez eu cheguei e os dois estavam discutindo um livro." Ela se virou para Joseph: "Quem eles estavam lendo quando fomos à casa deles?".

"Púchkin?", disse Joseph.

"Púchkin não. Tolstói. Eles estavam lendo *Anna Kariênina*."

"*Anna Kariênina*?", perguntei.

"Sim. Ela estava lendo isso."

"Você já leu esse livro?"

"Não. Não gosto de nada com dramas, guerras, casos, maridos traidores. Eu gosto de finais felizes." Perguntei o que ela gostava de ler, e ela disse que os romances de Nora Roberts.

"Há drama em Nora Roberts, mas é leve", disse Joseph. Ele admitiu, com um toque de ironia, que por recomendação de Nalia havia lido um romance de Roberts.

"Sim, é leve", disse Nalia.

Ao me acompanhar até o metrô, Joseph e Nalia fizeram um pequeno desvio para mostrar a casa de Daniel, uma construção de alvenaria alta, imponente, agora alugada. Pensei nele morando sozinho ali, como Rochester.* Nalia lembrou que na sexta-feira anterior ao assassinato Daniel telefonara para pedir-lhe que fosse dar um banho em Michelle.

> Eu não podia vir porque tinha de cozinhar para minha família. Então, ele conseguiu que Zlata viesse. Michelle esteve conosco por alguns dias depois do assassinato, e eu tentei lhe dar um banho, mas ela não deixou. Ela não entrava na água. Chorava histericamente, como se fôssemos bater nela. Ela era do tipo "não, não, não, não vou entrar no chuveiro, de jeito nenhum". Zlata disse que era uma tortura dar banho nela. Minha teoria é que Marina lhe disse "nunca tire a roupa". Você sabe que ela o acusou de molestar sexualmente a criança.

---

* Rochester: personagem do romance *Jane Eyre* de Charlotte Brontë. (N. T.)

"E você acha que ele não poderia ter feito isso de jeito nenhum?"

"Ele costumava cuidar de meus filhos. Eu confiava totalmente nele", disse Nalia.

Chegamos ao metrô e eu perguntei a Nalia se ela me mandaria o vídeo da dança pelo correio quando o encontrasse. Ela prometeu que faria isso.

28.

"Se eu pudesse lhe perguntar primeiro — como faço para aprender a gostar de ler?" Gavriel Malakov me fez essa pergunta olhando, mas sem pegar, um livro sobre Tchékhov que eu estava oferecendo a ele. Estávamos sentados na sala de espera do consultório na rua 64, onde eu tinha ido entrevistá-lo.
"Você não é um leitor?", perguntei.
"Infelizmente não. Gostaria que você me ensinasse a gostar de ler."
"E que tal ler em seu próprio idioma?" Ele balançou a cabeça. "Você também não gosta de ler em seu próprio idioma?"
"Tchékhov! Ele significa muito para mim e, no entanto, nunca abri nenhum de seus livros."
"A escola foi difícil para você?"
"Foi um campo de tortura."
Ele falou sobre o casamento de Marina e Daniel do mesmo modo como os outros Malakov haviam falado — sobre a felicidade do casal antes do nascimento da filha e a infelicidade que veio depois. Contou algumas das mesmas histórias, mas também com

variações. Por exemplo, em sua versão da história do almoço, Marina ia de carro do Brooklyn para levar a Daniel seu almoço tantas vezes quanto ele ia ao Brooklyn para levar o dela. O que significava isso? Que ritual erótico Daniel e Marina estavam realizando enquanto aceleravam pela via expressa Brooklyn-Queens levando o almoço kosher de seu ente amado? Eu gostaria de perguntar a Borukhova, mas não posso. Nathan Dershowitz, responsável pela apelação, não quer que ela fale aos jornalistas antes que haja uma decisão. Ela está na prisão feminina de segurança máxima de Bedford Hills e "se adaptando bem", diz Dershowitz. Michelle (que continua a morar com Gavriel) a visita uma vez por mês.

Em 16 de setembro, Borukhova foi levada a uma audiência na Vara de Família presidida por Linda Tally, que a caracterizou como uma "mãe agressiva" e concedeu o pedido de David Schnall para que as visitas de Michelle aos seus parentes maternos fossem reduzidas de três para duas por mês. Sofya e Istat, bem como Khaika e Gavriel, estavam presentes. Schnall, que deixara crescer uma barba rala, disse que visitara Michelle duas vezes e descobrira que "ela se adaptou fabulosamente". Porém, segundo ele, depois de visitar suas tias maternas e a avó, ela "faz cenas" e "expressa confusão sobre onde é sua casa e onde ela vai estar". Por isso, argumentou ele, deveria haver menos visitas. Florence Fass protestou com veemência, mas Schnall prevaleceu.

Em nosso encontro em abril, Fass descrevera as visitas de Michelle às tias maternas e aos primos em detalhes comoventes: "A menina não quer ir embora. Ela os abraça e beija. 'Levem-me para casa', diz Michelle. Ela usa desculpas para voltar. 'Esqueci o casaco, esqueci meu livro, esqueci isso, esqueci aquilo'". E acrescentou: "Minha missão é reunir Michelle com a família de sua mãe — a família com que ela cresceu". Mas agora Fass dizia à juíza que seu contrato com Borukhova estava no fim — o dinheiro dela acabara — e ela pedia um advogado indicado pelo tribunal para sua cliente.

Para meu espanto, Schnall protestou. Seu rancor em relação a Borukhova não conhece limites. Ele disse que ela possuía uma propriedade e, portanto, não tinha direito a um advogado à custa dos contribuintes. Tally virou-se para Borukhova, que usava seu turbante e parecia magra e cinzenta, e perguntou se ela possuía propriedades. Borukhova disse que não. Gavriel e Khaika disseram algo a Schnall, que triunfalmente anunciou que Borukhova era dona de um apartamento em um conjunto habitacional. A juíza questionou novamente Borukhova e ela confirmou em lágrimas. A juíza perguntou a Schnall se ele queria uma audiência sobre o assunto, mas Schnall disse que não. A juíza pegou um telefone e, em poucos minutos, um homem corpulento, de cabelos grisalhos, com uma expressão irritada no rosto, se arrastou para dentro da sala, carregando uma maleta de advogado. Tally nomeou-o advogado de Borukhova e definiu uma data para a audiência seguinte, na qual o processo de retirar permanentemente de Borukhova a custódia de Michelle alcançaria sua próxima etapa.

29.

Quando o outono se transformou em inverno, Borukhova deixou de comparecer às audiências da Vara de Família, mas participou do processo por meio de teleconferências entre prisão e tribunal. Ela aparecia na sala do tribunal em um monitor, uma pequena figura sentada a uma mesa, vestindo blusa branca, saia preta e uma toca vermelha. Linda Tally podia falar com ela e podíamos ouvir suas respostas pelo monitor. Tally é uma juíza jovem, de cabelos castanhos com corte elegante, que fala com uma voz sem modulação e tem um modo de se comportar impaciente e irritado, como se seu tempo estivesse sendo perpetuamente desperdiçado. Nada parece surpreendê-la ou mesmo interessá-la. Em uma audiência realizada em 12 de janeiro de 2010, John W. Casey, o advogado de Borukhova nomeado pelo tribunal, introduziu o que poderia parecer um tema surpreendente: "Foi trazido à atenção da minha cliente o fato de que havia marcas de beliscões no rosto da criança. Ficamos muito contentes de saber que o pai adotivo concorda agora em não fazer mais isso". Tally respondeu em tom inexpressivo: "Isso foi abordado no relatório escrito.

Afirmou-se que, basicamente, o tio, o pai adotivo, estava beliscando as bochechas da criança, mas ele alega que faz o mesmo com seus outros filhos, como uma forma de afeto. Foi-lhe dito para parar com isso e ele concordou". Para Gavriel, sentado em uma fileira dos fundos, ela disse: "Obviamente, senhor, não é uma boa ideia, pois o senhor vê o que vai acontecer, então vai parar com isso, eu suponho".

Quando ouvi as palavras "forma de afeto" e "ele disse que iria parar com isso", algo ressoou em minha memória (pode ter ressoado na do leitor também): lembrei-me do documento legal em que Borukhova, queixando-se do abuso sexual de Michelle por Daniel Malakov, escreveu que "ele me disse que era sua forma de demonstrar afeto, e prometeu nunca mais fazer isso de novo". O excesso de entusiasmo em expressar afeto é um ponto fraco da família Malakov?

Depois, Casey falou de outra lesão de Michelle: "Há uma contusão muito aparente no pescoço da criança, e gostaríamos de saber algo a esse respeito". O advogado da ACS, que agora supervisiona a tutela estatal de Michelle, apressou-se a explicar que a contusão era consequência de uma queda na escola. Casey disse: "Essas marcas não parecem ter sido provocadas por uma queda". Na audiência seguinte, em 9 de março, Casey voltou à contusão e disse que sua cliente "achava que isso estava sendo feito sob os cuidados do pai adotivo", e que "estamos preocupadíssimos, acreditamos que esta criança está em perigo e em uma casa negligente". Schnall replicou: "Excelência, a mãe continua a fazer acusações que são infundadas, escandalosas e prejudiciais". Ele chamou a atenção de Tally para um relatório da escola. Segundo o documento, Michelle machucara o pescoço ao cair sobre a mesa do professor, quando estava balançando sua cadeira para a frente e para trás. Tally aceitou a explicação da escola e disse a Casey: "Se o senhor tem alguma prova em contrário, sinta-se à vontade para apresentá-la à Justiça". Schnall mais uma vez protestou contra Borukhova ter "um advogado designado às expensas públicas, não obstante o fato de manter constituído Alan Dershowitz. Não creio que ele trabalhe de graça". Tally reagiu com expressão cansada: "Senhor Schnall, se acha que o senhor Casey deve ser removido da representação da mãe, e devemos trazê-la e ter um relatório de conselho e passar por todo o processo de ter suas finanças examinadas e atrasar este procedimento a fim de ver se ela se qualifica para um advogado dativo ou se ela deve constituir um advogado, o senhor pode entrar com uma moção pedindo isso".

No corredor, depois da audiência, Khaika, Gavriel e Joseph trocaram abraços com Schnall como haviam feito com Leventhal no julgamento criminal; Natella, Sofya e Istat estavam sentadas em um banco, fechadas em um característico retraimento rígido. Mas, para minha surpresa, quando eu as cumprimentei, elas não assentiram com a cabeça ou desviaram friamente o olhar. Acenaram para que eu me aproximasse e me pediram para tornar público seu temor de que Michelle estivesse sendo agredida por Gavriel. Mostraram-me três fotografias coloridas de Michelle, com uma lesão vermelha inflamada no pescoço. Sofya me disse que as fotos haviam sido tiradas durante uma visita à garota. "Michelle contou o que aconteceu?", perguntei. Com lágrimas nos olhos, Natella respondeu: "Não. Não temos permissão para lhe fazer perguntas". "O que você quer dizer com não ter permissão para fazer perguntas?" Natella explicou que as visitas são supervisionadas pela ACS e que elas estão proibidas de questionar a criança. Ela me entregou as fotografias. A mãe balançou a cabeça e disse algo em bucárico para as filhas. "Ela não quer que você fique com as fotos", disse Sofya. Eu ia devolvê-las, mas as filhas ignoraram a mãe e me disseram para ficar com as fotos. Natella disse que os Malakov falam com Michelle sobre o assassinato — dizem-lhe que a mãe matou o pai. Contou que, durante suas visitas a Michelle, ela se enfia sob suas saias longas e pergunta se pode ir para casa com elas. Ela me deu cartas de um advogado e de um médico que contestam o relatório da escola sobre uma queda, dizendo que o ferimento não pode ter sido causado por uma queda contra uma mesa com bordas arredondadas.

Em casa, olhei as fotografias novamente. O ferimento de Michelle era de um vermelho vivo e grave. As suspeitas das irmãs seriam verdadeiras? Tinham sido causadas por alguém? Ela estava em perigo na casa de Gavriel? Liguei para o ACS e disse à diretora de comunicações, Sharman Stein, que eu vira imagens perturbadoras de lesão no pescoço de Michelle Malakov. A agência as havia visto? Stein disse que ela ouvira falar sobre beliscões na bochecha, mas não sabia sobre a lesão no pescoço. Ela disse que iria "verificar" e me telefonaria, observando que "isso parece coisa de parentes maternos irados". Ela não telefonou. Sofya enviou um e-mail em que reiterava emotivamente seus medos, e mandava em anexo as transcrições das audiências da Vara de Família em que as acusações foram apresentadas. Mas então ela parou de responder aos meus e-mails e mensagens telefônicas. As irmãs haviam evidentemente se arrependido do impulso de confiar em uma jornalista e tinham recuado para sua fortaleza de reticência glacial.

Quando liguei para Joseph Malakov e pedi para me encontrar com ele, seu irmão e seu pai, ele concordou com sua disponibilidade habitual. Em uma noite quente de abril, depois de uma semana, por causa da Páscoa, cheguei à casa da rua 68. Somente Nalia e as crianças estavam em casa. Enquanto punha pratos de apetitosas batatas fritas na mesa da cozinha para Sharona e Julie, ela disse em tom pensativo (e um pouco artificial, pensei comigo): "Penso com frequência em Marina. Se não tivesse cometido o assassinato, ela teria estado conosco no Sêder".* Isso levou ao tema

---

* Sêder: jantar cerimonial na primeira noite da Páscoa judaica. (N. T.)

das visitas mensais de Michelle à sua mãe na prisão, que claramente deixavam a criança sempre doente. Depois da visita mais recente, a escola a mandara para casa com febre e ela não estava bem o suficiente para sentar-se à mesa do Sêder; permaneceu deitada em um sofá, em uma sala adjacente. As meninas juntaram-se animadamente à conversa, saboreando a narrativa da criança que volta de uma visita à sua mãe na prisão, vomita e fica febril. Elas gostaram de dizer "na prisão".

Khaika e sua esposa Malka chegaram, depois chegou Joseph e, finalmente, Gavriel. Khaika sentou-se ao meu lado à mesa e Malka, à minha frente. Gavriel estava do meu outro lado, e Joseph ficou na outra extremidade da mesa, com Nalia no meio; as meninas rondavam minha cadeira. Em minha primeira visita a essa casa, Joseph, Nalia e Ariel haviam dirigido seus comentários a mim, um de cada vez, mas agora os membros da família conversaram entre si, em russo e bucárico, discutindo, interrompendo, cientes da minha presença, querendo falar comigo, mas incapazes de se livrar de seus costumeiros papéis no psicodrama familiar. Olhei para Malka, uma mulher redonda de cabelos grisalhos e uma expressão bem-humorada, e perguntei se ela falava inglês. Ela disse que sim e acrescentou, apontando para Khaika: "Ele fala. Este é meu problema".

Khaika estava dizendo, incoerentemente: "Precisamos de um artigo em jornal ou revista sobre a família Borukhova, apenas Marina na cadeia. O restante da família indo, rindo, mentindo, e continua a vida. Para mim e para minha família é muito, muito" — nesse ponto ele voltou ao russo e Nalia traduziu: "Ele está dizendo que quer saber se você pode fazer um artigo em que Natella e Sofya sejam responsabilizadas pelo assassinato de Daniel. Somente Marina está na prisão. Por que elas estão andando livres? As outras duas a estimularam a fazer isso. Elas têm de ser punidas pelo que fizeram".

Eu falei: "Vocês precisam de provas disso".

"Nós temos!", disse Khaika. Ele apontou para a inferência na declaração final de Leventhal de que a irmã estava no parque no momento do assassinato.

Eu disse que não seria capaz de escrever o artigo.

Nalia mandou as meninas irem para a cama no andar de cima, mas, quando elas estavam saindo, Gavriel protestou: "Deixe-as ficar. Deixe-as ver a excelência jornalística em ação. Embora sejam pequenas e devam ir dormir, isso é uma experiência que não devem perder". O que eu tomei por uma rebuscada ironia eslava de Gavriel, Nalia ouviu como um conselho sério e permitiu que as meninas ficassem.

Eu fui direto ao ponto. "Sobre essas acusações", falei.

"Que acusação?", perguntou Khaika.

"A contusão no pescoço de Michelle." Eu tinha as fotografias provocadoras na bolsa, mas não as tirei.

Joseph disse: "Ela caiu na escola. Ela frequenta uma escola particular judaica *yeshivá*.* Os professores descreveram exatamente o que aconteceu".

Eu disse: "As irmãs dizem que ela não caiu. Estão com medo de que ela não esteja segura na casa de Gavriel".

"Elas temiam que Daniel fosse um pedófilo", criticou Joseph. "Elas temiam que minha mãe batesse na criança. Isso ficou provado uma centena de vezes que estava errado e errado e errado. É uma declaração absolutamente ridícula, certo? Não há nenhuma base em qualquer lugar. Não somos molestadores de crianças. Não temos de provar nada para ninguém."

"A criança estava nadando em nossa piscina...", Nalia começou.

---

* *Yeshivá*: instituição geralmente ortodoxa para o estudo da Torá e do Talmude. (N. T.)

"Isso foi um acidente inocente", Joseph interrompeu. "Michelle estava nadando e outra criança a agarrou. E elas fizeram um grande alarde de que ela quase se afogou aqui."

"Que nós tentamos afogá-la", disse Nalia.

"Mas, Joseph, você pulou e a salvou", eu disse, lembrando do relato de Joseph sobre o quase afogamento em minha visita anterior.

"É devastadoramente doloroso ouvir como pessoas que são assassinas condenadas ainda têm a coragem de fazer acusações", disse Joseph.

Julie, agora com sete anos, estava encostada em minha cadeira, e quando eu pus meu braço em torno dela, ela se acomodou confortavelmente junto a mim. Julie era uma criança fofa e plácida, um tipo diferente da magra e ansiosa Sharona, mas agora menos tímida que um ano antes. As crianças agradáveis de Joseph e Nalia refletiam a firmeza amável deles; a casa tinha um ar de tranquilidade, bem como de ordem e prosperidade. A ideia de que Joseph fosse um molestador de crianças parecia realmente ridícula. Mas, embora Joseph a tomasse como uma acusação contra toda a família Malakov, a acusação de violência era dirigida a seu irmão. Voltei-me para Gavriel e lhe perguntei sobre os beliscões na bochecha.

Ele respondeu: "Mazoltuv examina a criança em cada visita para tentar encontrar qualquer coisa e tudo pelo qual ela pode nos culpar. Então, quando viu que não havia nada, ela disse, 'vou só dizer que eles beliscaram as bochechas'. Porque, quando eu descobri pessoalmente as acusações, perguntei ao representante da OHEL, 'Você viu alguma coisa na bochecha?', e eles disseram, 'Não, mas a mãe alegou que havia algo rosado'" (OHEL é uma agência de serviços sociais à qual a ACS designa as famílias judias ortodoxas sob sua jurisdição).

Eu disse: "Na Vara de Família, o juiz leu um relatório que dizia que você beliscava as bochechas por afeto e prometeu que não faria mais isso".

"Eu sempre faço assim", disse Gavriel, e fez o gesto de beijar seu dedo indicador e tocar levemente minha bochecha com ele. "É uma tradição. Não tem consequências físicas."

"Por que você disse que não faria mais isso?"

"Porque a OHEL disse que 'De agora em diante não queremos que você mostre sua afeição pela criança dessa maneira'. Eu disse, 'Tudo bem. Será da maneira que vocês quiserem.'"

Joseph disse irado: "Em tudo o que você faz, o outro lado tenta achar algo de ruim. Não é abuso de crianças, Deus me livre. Ele disse: 'Sim, eu fiz isso por afeto'. Não é uma questão complicada".

Perguntei a Gavriel sobre outra das acusações de Casey na Vara de Família: que ele deixara de levar Michelle à terapia que a vara tinha ordenado.

"Sim, nós não a levamos consistentemente à terapia. O terapeuta era bastante agressivo. Disse-lhe que a mãe dela tinha matado seu pai."

"O terapeuta disse isso a ela?"

"Ele usava essa abordagem. Tivemos dificuldade em concordar."

Nalia disse: "Nós nunca conversamos sobre isso. Ela descobriu com o terapeuta".

Gavriel disse: "Ele ligava seus maus modos e seu comportamento, digamos, de oposição ao fato de que existem emoções escondidas. Há um monte de coisas em Michelle que faz com que ela fique perturbada e apreensiva. A fim de eliminar essa preocupação, ele queria confrontá-la com a realidade para que ela pudesse conseguir sair disso e iniciar o caminho para a recuperação".

"Quem era esse terapeuta?", perguntei, como se isso importasse.

"Fica aqui na Main Street. Richard Meisel. Ele é assistente social."

Na audiência de 9 de março na Vara de Família, Sofya, por intermédio de um advogado contratado pessoalmente, apresentara um pedido de custódia de Michelle. Os Malakov expressaram sua indignação diante da ideia de Michelle ficar com a "família da assassina".

"Mas esta é a família que Michelle conheceu durante toda a sua vida. Ela não conhecia a família de vocês", eu disse.

"Isso porque Marina não a deixava vir até nós."

Joseph disse: "É muito simples. É natural. É a filha de nosso irmão. Acho que qualquer ser humano normal gostaria de ter o que lhe pertence. Por que haveria alguma dúvida? É a filha de nosso irmão".

"Isso em primeiro lugar", disse Khaika. "E, em segundo lugar, ela tem de crescer normal, não anormal. Ela tem de crescer em uma família normal, razoável. A família Borukhova não é normal. É anormal. Destruíram tudo. Por que ela tem de ir para lá de novo?" E acrescentou: "Natella tem cinco filhos e nunca nenhum deles foi visitar a avó paterna. É normal? O que você acha?".

"E a própria Michelle? O que ela quer?", perguntei.

A família me olhou perplexa. Depois começaram a falar em russo.

Eu me virei para as meninas. "O que vocês acham que Michelle quer?"

Sharona pensou por um momento. "Ela realmente ama meu pai", disse ela.

Perguntei a Gavriel sobre a contusão no pescoço de Michelle.

"A contusão foi ruim. A queda foi muito ruim", disse ele. "Ela arranhou bastante o pescoço. Aconteceu em uma aula. Eles estavam indo da aula de hebraico para a aula de inglês. Ela subiu na cadeira. Alguém estava passando, ela tropeçou e, do jeito que caiu, bateu com o pescoço na cadeira."

Se estivéssemos em um julgamento, o promotor iria atacar a inconsistência entre o relato de Gavriel e o relatório da Vara de Família em que a criança balançava para a frente e para trás em sua cadeira. A "credibilidade" de Gavriel seria posta em dúvida pela disparidade. Mas não estávamos em um julgamento e eu não achei que Gavriel estivesse mentindo. Na vida, nenhuma história é contada duas vezes exatamente da mesma forma. À medida que o barro úmido da realidade passa de mão em mão, assume diferentes formas engenhosas. Esperamos que isso aconteça. Somente em julgamentos o fato de fazer isso é equiparado a inventar.

Nalia disse: "Preciso lhe dizer uma coisa. Recentemente, eu estava na sinagoga, vi Sofya lá e disse: 'O que você está fazendo na sinagoga? Por que você vem às orações aqui? Você não deveria estar mostrando sua cara por aqui. Vá para outra sinagoga'. E sabe o que ela me disse? Ela disse: 'Você quer ser a próxima?'".

Quando eu estava saindo, Nalia pediu desculpas por não me mandar o vídeo da dança escandalosa de Borukhova. Ela explicou que Brad Leventhal lhe pedira para não fazê-lo, por causa do recurso pendente.

30.

No outono de 1992, um professor de direito da Universidade de Nova York chamado Martin Guggenheim foi contatado por um menino de onze anos, objeto de uma batalha de custódia, ao qual fora designado um tutor que ele desprezava. Em um artigo intitulado "Um tutor com outro nome: uma crítica do relatório da Comissão Matrimonial" (2007), Guggenheim contou: "A criança me disse que, embora achasse que seu advogado seria alguém que lutaria por aquilo que ela queria, passou a considerá-lo seu inimigo, pois o tutor sempre buscava coisas que ela não queria. A criança pediu-me para representá-la". Guggenheim assumiu o caso e conseguiu livrar o garoto do tutor que detestava. O caso foi noticiado no *Times* — "Menino de onze anos em batalha de custódia quer trocar de advogado" e "Menino em processo de divórcio ganha direito de escolher seu advogado" — e levou outras crianças prejudicadas a bater na porta de Guggenheim. O professor escreve:

> Todas elas me disseram que queriam um advogado que lutasse por elas. Depois que eu explicava que o tutor não é obrigado a buscar

o resultado que a criança quer, as crianças deixavam claro que, se não podiam ter um advogado que defenderia o que elas queriam, preferiam não ter advogado algum. [...] As crianças, ao menos aquelas que conheci, não gostam sobretudo da hipocrisia. Elas podem aceitar confortavelmente o fato de não lhes atribuírem um advogado. Mas se ressentem profundamente quando lhes designam alguém que se chama de advogado e depois se comporta de forma inconsistente com o significado central da advocacia.

Guggenheim é uma autoridade em um campo no qual entrara na década de 1970 — a nova especialidade beneficente de direitos das crianças —, que ele gradualmente passou a considerar uma espécie de paródia de si mesma. Em seu livro *What's wrong with children's rights* [O que há de errado com os direitos das crianças] (2005), ele argumenta que o conceito de direitos das crianças é, na verdade, um disfarce para desejos de adultos, "um mantra invocado por adultos para ajudá-los em suas lutas com outros adultos". E considera o tutor uma consequência particularmente nociva da doutrina dos "melhores interesses da criança", por meio da qual os interesses dos adultos em choque são defendidos nos tribunais. Em "Um guardião mesmo com outro nome", Guggenheim relata que, depois do caso do menino de onze anos, nunca mais conseguiu persuadir um juiz a remover um tutor cujo cliente-criança se sentia traído. Ele passou a perceber "o grau em que os juízes consideram os tutores assessores do tribunal, não advogados das crianças". Um juiz lhe falou: "Eu pensava que o único cliente que o tutor tinha era eu", e prosseguiu explicando que "o tutor serve à vontade do Tribunal, não à vontade da [criança]". Uma juíza disse que "queria que um tutor a ajudasse a decidir o caso. Ela estava muito contente com o desempenho do tutor. Os sentimentos das crianças em relação ao assunto eram simplesmente irrelevantes".

Quando falei com Guggenheim sobre a decisão de Sidney Strauss, ele suspirou e disse: "Essa história é tão familiar para mim". Sobre Schnall, ele deu de ombros e disse: "Não lhe foi confiada nenhuma tarefa, exceto fazer o que ele queria". Os advogados de crianças, ele continuou, "não conhecem limites, porque não há limites". Ao contrário de um advogado de adulto, que é obrigado a pôr os desejos de seu cliente acima dos dele, o advogado de menores não sofre nenhuma restrição desse tipo. Sob o disfarce da doutrina do "melhor interesse da criança", suas próprias inclinações predominam. Em *What's wrong with children's rights*, Guggenheim relata:

> Repetidamente vi advogados escolhendo para si qual resultado defender em nome de seus clientes infantis e obtendo a vantagem no caso por nenhuma outra razão senão o fato de que se tornaram a voz reconhecida em defesa dos interesses das crianças. Mesmo quando o juiz sabe muito bem que a posição que o advogado das crianças está assumindo não passa de um produto do ponto de vista pessoal do advogado, os juízes dão peso considerável a essa posição.

E continua:

> Envolvi-me em inúmeros casos em que crianças pequenas eram representadas por um advogado. A constante em todos esses casos é a necessidade crucial para o advogado dos pais de ganhar o apoio do advogado da criança para maximizar suas chances de sucesso. Isso não significa que o ponto de vista do advogado da criança sempre vença. Mas é de vital importância, porque muitas vezes pode ser devastador para as esperanças de sucesso de uma parte se o advogado da criança se revela ser um inimigo.

Em 1º de março de 2010, Casey apresentou uma moção na Vara de Família, em nome de Borukhova, pedindo a desqualificação de Schnall e sua remoção da guarda legal de Michelle, alegando que ele era uma testemunha no julgamento criminal, e que era tendencioso; mas, na audiência de 9 de março, em uma decisão coerente com a experiência de Guggenheim, Tally recusou-se rudemente a abrir mão de seu assessor de tribunal. Ela não tinha ilusões a respeito de Schnall: no processo de 2007 na Vara de Família, ela o repreendeu muitas vezes. "Senhor Schnall, como isso pode ser engraçado? Eu não acho nada disso engraçado. Realmente não", disse ela quando ele riu enquanto o advogado da ACS relatava o incidente "a mãe de Dani me bateu". Algumas páginas adiante, este diálogo aparece na transcrição do julgamento:

> Juíza Tally: Senhor Schnall, não sei como pode tirar uma conclusão. Já viu seu cliente?
> Sr. Schnall: Não. Mas, eu estou...
> Juíza Tally: Então o senhor pode tirar conclusões antes que tenha sequer visto seu cliente ou tenha qualquer conhecimento em primeira mão do que ocorreu?
> Sr. Schnall: Bem...
> Juíza Tally: Como isso é possível?

Mas, ao longo dos anos, Tally evidentemente se acostumara com Schnall e é possível que até tenha relutantemente passado a gostar dele. Na audiência de 9 de março, Tally leu em voz alta sua decisão de negar a moção de Casey: "Embora um advogado da criança deva abordar inicialmente seu papel de uma forma imparcial, não se espera que os tutores sejam autômatos neutros. É inteiramente adequado e esperado que ao longo do tempo um tutor forme uma opinião sobre qual ação, se for o caso, defenderá melhor o interesse de seu cliente". E Tally continuou:

Parece óbvio em uma circunstância como a do caso em questão que a neutralidade inicial do tutor foi substituída por uma opinião adversa à mãe ré com base em sua visão do que é o melhor interesse de Michelle. Seu papel como guardião legal, designado para representar uma criança jovem demais para fazer julgamentos ponderados, é o de ser um defensor do melhor interesse da criança, não da mãe ré.

E acrescentou:

O senhor Schnall e Michelle desenvolveram um relacionamento ao longo do tempo, uma vez que este caso remonta a vários anos, portanto, causaria uma dificuldade substancial para Michelle se, de repente, seu tutor fosse substituído por alguém novo em folha que não está familiarizado com a extensa história deste caso.

Quando, mais adiante na audiência, Casey voltou à questão da remoção de Schnall, Tally reagiu irritada:

O Tribunal está preocupado aqui com os melhores interesses de Michelle, não com os melhores interesses de sua cliente. Os melhores interesses de Michelle. Ela teve esse advogado por provavelmente quase quatro anos a esta altura, senão mais; por que a criança deveria ser penalizada tendo de recomeçar com um advogado novo a esta altura? Sim, ele tem algum interesse nisso, e sim, ele tem opiniões sobre isso, mas eu acho que você seria um autômato neutro se não tivesse qualquer tipo de emoção ou sentimento depois de estar tanto tempo envolvido nesse processo que começou apenas como uma questão de visitação/custódia.

Observe-se como Tally passa dos interesses de Michelle para os de Schnall. Por que *ele* deveria ser penalizado por ter opiniões e sentimentos? E observe-se também que Tally não repete a palavra "relacionamento" para descrever a relação entre Schnall e Michelle, mas repete a expressão "autômato neutro", como que para justificar sua própria visão "adversa" da assassina condenada.

Quando Scaring interrogou Schnall no julgamento criminal, ele repetidamente o questionou sobre sua insistência para que a audiência de 3 de outubro perante Sidney Strauss fosse mantida, embora os advogados de Malakov e Borukhova pedissem um adiamento. "Eles não queriam ir à audiência na data que você programou, não é verdade?", disse Scaring.

Schnall concordou. "Ambos os advogados não queriam ir naquele dia. Eles não queriam ir."

"Mas você insistiu em ir naquele dia, correto?", Scaring disse.

"Eu insisti."

E assim se abriu a cortina para a tragédia de Daniel Malakov, Michelle Malakov e Mazoltuv Borukhova.

Entrevista
A arte da não ficção nº 4[*]

No decorrer desta entrevista incomum, subirei três vezes de elevador até o imponente apartamento de Janet Malcolm, com vista para o Gramercy Park, mas a substância da nossa conversa se dará por e-mail ao longo de três meses e meio.

A razão disso é que Janet Malcolm está mais para quem descreve do que para quem é descrita. É quase impossível imaginar a magistral entrevistadora conversando imprudentemente diante de um gravador e, de fato, ela prefere não imaginar. Malcolm concordou em dar a entrevista, mas somente por e-mail: desse modo, recusou polidamente o papel de personagem e voltou ao papel mais confortável de escritora. Ela escreverá suas respostas — e, para ser honesta, alterará levemente o fraseado de algumas de minhas perguntas.

Assim, o verdadeiro cenário da entrevista não são as paredes forradas de livros de sua sala, onde nos sentamos tomando chá de hortelã, mas as telas: a de 21 polegadas e meia do Mac de Malcolm,

---

[*] Entrevista concedida a Katie Roiphe, professora do departamento de jornalismo da Universidade de Nova York (NYU), e publicada originalmente em *The Paris Rewiew*, nº 196, primavera de 2011.

com seu teclado branco gasto; a do meu MacBook cor de prata de dezessete polegadas, ou meu iPad, às vezes. A desvantagem do e-mail é que ele parece gerar um tipo de formalidade, mas a vantagem é a familiaridade de estar em contato com alguém ao longo do tempo. Para nós, esse estilo particular de comunicação tinha a qualidade antiquada e reconfortante da correspondência pensada; é como a própria Malcolm — cuidadosa, meticulosa, um pouco evasiva.

Malcolm nasceu em Praga, em 1934, e imigrou para os Estados Unidos quando estava com cinco anos. Sua família morou durante um ano com parentes em Flatbush, Brooklyn, enquanto seu pai, psiquiatra e neurologista, estudava para o exame de certificação médica; depois mudou-se para Yorkville, em Manhattan. Malcolm frequentou o Colégio de Música e Artes e depois foi para a Universidade de Michigan, onde começou a escrever para o jornal da escola, *The Michigan Daily*, e para a revista de humor *The Gargoyle*, que mais tarde editaria. Depois da faculdade, mudou-se para Washington com seu marido, Donald Malcolm, e escreveu algumas resenhas de livros para *The New Republic*.

Ela e o marido mudaram-se para Nova York e, em 1963, tiveram uma filha, Anne. Naquele mesmo ano, Malcolm publicou pela primeira vez um artigo na *New Yorker*, na qual Donald, que morreu em 1975, era o crítico de peças off-Broadway. Ela começou a escrever dentro daquilo que era então considerado esfera feminina: artigos anuais sobre as compras de Natal e sobre livros infantis, e uma coluna mensal sobre design, chamada "Ao redor da casa".

Mais tarde, Malcolm se casou com seu editor na *New Yorker*, Gardner Botsford. Ela começou a produzir os textos densos e idiossincráticos pelos quais é agora conhecida quando parou de fumar, em 1978: não conseguia escrever sem cigarros, então começou uma longa reportagem para a *New Yorker* sobre terapia familiar, intitulada "O espelho de mão única". Foi para Filadélfia com um gravador — do tipo antigo, com fitas, que usa até hoje — e cadernos com pauta de capa dura marmorizada. Quando terminou o longo período de reportagem, descobriu que poderia finalmente escrever sem fumar, e também descobriu sua forma de escrever.

Seus dez livros provocativos, entre eles *O jornalista e o assassino*, *Psychoanalysis: the impossible profession*, *A mulher calada: Sylvia Plath e Ted Hughes*, *Nos arquivos de Freud*, e *Two lives: Gertrude and Alice*, são ao mesmo tempo amados, exigentes, acadêmicos, cintilantes, cuidadosos, ousados, intelectualizados e controversos. Muitas pessoas têm apontado que seu texto, muitas vezes chamado de jornalismo, é, na verdade, uma forma de arte totalmente diferente e original, uma mistura singular de reportagem, biografia, crítica literária, psicanálise e romance do século XIX, tanto inglês como russo. Em um dos episódios mais pitorescos de sua longa carreira, ela foi ré de um processo por difamação, aberto em 1984 por um de seus entrevistados, Jeffrey Masson; os tribunais se pronunciaram finalmente a seu favor, em 1994, mas as acusações toldaram sua vida por muitos anos, e tanto durante como depois do julgamento a comunidade jornalística não lhe deu tanto apoio quanto se poderia esperar.

Em parte, isso pode ter acontecido porque Malcolm já se havia distanciado deles. "Qualquer jornalista que não seja demasiado obtuso ou cheio de si para perceber o que está acontecendo sabe que o que ele faz é moralmente indefensável", ela escreveu nas agora famosas frases de abertura de *O jornalista e o assassino*; e em grande parte de sua obra, Malcolm investiga o que ela chama de "problema moral" do jornalismo. Um dos elementos mais desafiadores ou controvertidos de sua obra é a análise persistente e hipnotizante da relação entre o escritor e sua personagem. ("A escrita não pode ser feita em um estado de ausência de desejo", ela diz em *A mulher calada*; e denuncia, cada vez mais, os preconceitos e defeitos do escritor, inclusive os próprios.) Quando foi publicado em 1990, *O jornalista e o assassino* causou um alvoroço no mundo literário; em outras palavras, o livro provocou a hostilidade exatamente daquelas pessoas que pretendia hostilizar. Mas agora faz parte da bibliografia de quase todos os cursos de graduação em jornalismo, e os comentários cáusticos de Malcolm sobre a relação entre o jornalista e seu personagem foram assimilados tão completamente, num contexto cultural mais amplo, que se tornaram um truísmo. A obra de Malcolm, portanto, ocupa aquele estranho território resplandecente entre a controvérsia e o establishment: ela é, ao mesmo tempo, uma grande dama do jornalismo, e, de algum modo, sua *enfant terrible*.

Malcolm é admirada pela ferocidade de sua sátira, pela elegância de sua escrita, pelas inovações de sua forma. Ela escreve, em "Uma garota do Zeitgeist", um ensaio sobre o mundo da arte de Nova York:

> Talvez até mais forte do que a aura da sala, de originalidade imponente, é o seu sentido de ausências, sua evocação de todas as coisas que foram excluídas, que foram insuficientes, que não conseguiram captar o interesse de Rosalind Krauss — que são a maioria das coisas do mundo, as coisas de "bom gosto", da moda e do consumismo, as coisas que vemos nas lojas e nas casas uns dos outros. Ninguém pode sair deste apartamento sem se sentir um pouco repreendido: a nossa própria casa, de repente, parece abarrotada, rudimentar, banal.

Nenhum escritor vivo narrou o drama de transformar o mundo confuso e sem sentido em palavras de forma tão brilhante, precisa e analítica como Janet Malcolm. Esteja ela escrevendo sobre uma biografia, ou um julgamento, ou a psicanálise, ou Gertrude Stein, sua história é a construção da história, e sua influência é tão grande que a maior parte do mundo literário começou a pensar nos termos carregados e analíticos de um trecho de Janet Malcolm. Ela desmonta a linha oficial, a história aceita, a transcrição do tribunal como um mecânico desmonta um motor de carro e nos mostra como ele funciona; ela narra como as histórias que contamos a nós mesmos são feitas de vaidades, ciúmes e fraquezas dos personagens. Essa é sua obsessão, e ninguém pode fazê-lo no mesmo nível.

Pessoalmente, porém, ela não exibe nada da resplandecência de sua prosa. Ao longo da entrevista, Malcolm parece carecer inteiramente do exibicionismo natural do escritor, do desejo do escritor de falar interminavelmente sobre si mesmo. Se for possível, ela desvia com elegância a conversa de seu jornalismo para o jornalismo em geral; com frequência, ela cita, escapa, desvia de minha pergunta, preferindo responder a algo que se sinta confortável respondendo. Não surpreende que ela seja o tipo de pessoa que pensa através de suas revelações, às quais ela dá forma e lustra, de tal modo que aquilo que é revelado de si mesma é tão gracioso e polido quanto um de seus textos.

Malcolm é pequena, com óculos e intensos olhos castanhos, algo parecida com a Pequena Espiã, se essa personagem tivesse chegado à venerável idade de 76 anos e o mundo a tivesse coberto com o sucesso que merecia. Sua atmosfera é controlada, contida, vigilante. Por mais que tente, você não será capaz de medir o efeito de suas palavras sobre ela, e você jamais será capaz de saber, mesmo que remotamente, como ela está reagindo a alguma coisa que você diz. Ao seu redor, é difícil não se sentir grande, espalhafatoso, desarrumado, teatral, imprudente. Embora eu esteja claramente entrevistando-a, ainda estou nervosa quanto à impressão que estou causando nela, ainda absorta e consumida pela ideia das três sentenças penetrantes que ela poderia fazer sobre mim. Se assim o desejasse.

Mais tarde, ela me escreverá:

Antes de tentar responder à sua pergunta, quero falar sobre aquele momento em nosso encontro no meu apartamento, na semana passada, quando saí da sala para procurar um livro e sugeri que enquanto eu estivesse fora você talvez quisesse tomar notas sobre a sala de estar, para a abertura descritiva desta entrevista. Anteriormente, você havia feito a distinção entre escritores para quem o mundo físico é importante e escritores para quem ele quase não existe, que vivem no mundo das ideias. Você pertence claramente a essa última categoria. Você pegou obedientemente um caderno de anotações e me lançou um olhar um pouco aflito, como se eu tivesse lhe pedido para fazer uma coisa levemente constrangedora.

Abri o caderno e peguei uma caneta, mas já sei que uma grande parte do que está acontecendo na sala entre a jornalista, digamos, e o assassino, não vai entrar no livro.

Notei muitas vezes como funcionam as descrições físicas em sua obra, como elas nos fazem sentir que conhecemos e entendemos as pessoas antes que elas comecem a falar, e como você impõe sua interpretação muito singular com tanta autoridade que ela parece orgânica, como se alguém que entrasse numa sala não pudesse evitar de vê-la exatamente como você a vê. Então, como você descreveria o seu apartamento se você fosse a jornalista que entra em sua sala de estar?

Minha sala tem um piso de madeira de carvalho, tapetes persas, estantes de livros do chão ao teto, um grande fícus e uma grande samambaia, uma lareira com um grupo de fotografias e desenhos sobre ela, uma mesa de centro com tampo de vidro sobre a qual há uma tigela de romãs secas, e sofás e cadeiras cobertos com pano de linho encardido. Se eu fosse uma jornalista entrando na sala, começaria imediatamente a compor um retrato satírico do apartamento do escritor em Nova York, com seus objetos padronizados de bom gosto (gato incluído) e ar geral de inexorável cultura.

Interessante, tendo em vista minha cegueira para os detalhes visuais. Eu teria mencionado o gato e, talvez, os pratos decorativos franceses, a vista do parque, mas não teria me encaminhado para a sátira. Imagino que, se fosse fazer uma leitura atenta da sala, teria escrito "ordenada e precisa, cuidadosamente despretensiosa, de alguma forma perfeita e confortável". Tive a impressão de uma sala onde não ocorrem cenas incivilizadas (revelando, creio eu, mais sobre mim do que sobre a sala).

Você subestima seu poder de descrição. Admiro o "cuidadosamente despretensioso". Esse "cuidadosamente" tem uma mordacidade simpática. Não tenho certeza de que é inteiramente merecido. O gato merece parte do mérito pela aparência chique-surrado — os pedaços de estofamento que saem dos sofás e poltronas são inteiramente obra sua. Você notou o lugar em que eu pus um remendo num dos pontos mais violentamente arranhados? Mas, falando sério, suas palavras generosas e apreciativas apenas confirmam minha percepção da dificuldade da escrita autobiográfica. Se eu tivesse dito essas coisas sobre a minha sala de estar ("de alguma forma perfeita e confortável"), teria passado a impressão de vaidade e complacência. O autobiógrafo trabalha num terreno traiçoeiro. O jornalista tem um trabalho muito mais seguro.

Parece-me que, para uma jornalista, você usa a si mesma, ou a persona de "Janet Malcolm" pelo menos, mais do que a maioria dos jornalistas. Você usa e analisa sua própria reação a muitos de seus entrevistados, bem como o relacionamento com eles, e muitas vezes insere-se no drama. Como isso é "mais seguro" do que um retrato mais direto ou autobiográfico de si mesma?

Eis um tema sobre o qual pensei muito e, na verdade, efetivamente escrevi certa vez sobre ele, no posfácio de *O jornalista e o assassino*. Eis o que eu disse:

> [...] no jornalismo, a personagem "eu" é quase pura invenção. Ao contrário do "eu" da autobiografia, que tem o propósito de ser visto como uma representação do escritor, o "eu" do jornalismo está ligado ao escritor de maneira apenas vaga — a mesma que, digamos, liga o Super-Homem a Clark Kent. O "eu" jornalístico é um narrador de toda a confiança, um funcionário ao qual foram confiadas as tarefas cruciais da narração, do roteiro e do tom, uma criação *ad hoc*, como o coro de uma tragédia grega. Ele é uma figura emblemática, uma encarnação da ideia do observador imparcial da vida.

Ocorre-me agora que a presença dessa figura idealizada na narrativa só aumenta a desigualdade entre escritor e personagem, que é o problema moral do jornalismo tal como eu o vejo. Em comparação com essa pessoa sábia e boa, as outras personagens da história — até mesmo as "boas" — empalidecem. A persona radiante de Joseph Mitchell, o grande mestre do "eu" jornalístico, brilha em suas obras, como talvez nenhum outro jornalista consiga. Nos velhos tempos da *New Yorker*, todos os escritores de não ficção tentavam escrever como ele, e, é claro, nenhum de nós chegou nem perto de consegui-lo. Todo esse assunto pode ser muito mais complicado do que eu fiz parecer no posfácio. Quando mais não seja, porque o Super-Homem está conectado a Clark Kent de uma maneira bastante fundamental, ainda que curiosa.

Acho essa citação adorável e convincente, mas me pergunto se esse "eu" como narrador de toda confiança é verdadeiro no que diz respeito ao seu jornalismo, ou ao jornalismo em geral. Parece-me que você deliberadamente se apresenta como algo diferente do "observador imparcial". Com frequência, você atribui a si mesma (ou à personagem Janet Malcolm em seu trabalho) defeitos e vaidades, e questiona seus próprios motivos e reações de forma tão implacável quanto você interroga outras pessoas. Não faço evidentemente nenhuma suposição sobre quão próxima de você é Janet Malcolm em seu trabalho — que invejava Anne Stevenson* na faculdade, que está decepcionada com Ingrid Sischy.** Mas parece-me que o "eu" em sua obra é deliberadamente muito mais Clark Kent do que Super-Homem.

Você está certa ao dizer que "observador imparcial" não caracteriza corretamente a personagem que assumo quando escrevo não ficção — em especial, nos textos dos últimos anos. Quando comecei a escrever longos artigos sobre fatos, como eram chamados na New Yorker, tomei por modelo para meu "eu" o "eu" trivial, civilizado e figura humana da New Yorker, mas à medida que prossegui, comecei a mexer com ela e fazer mudanças em sua personalidade. Sim, dei-lhe defeitos e vaidades e, talvez mais significativamente, opiniões fortes. Fiz com que ela tomasse partido. Fui influenciada por essa coisa que estava no ar chamada desconstrução. A ideia que tirei dela foi exatamente a de que não existe um observador imparcial, que toda narrativa é modulada pelo viés do narrador. O orientalismo, de Edward Said, causou um grande impacto em mim. E sim, provavelmente isso aumenta a autoridade da personagem.

---

* Anne Stevenson (1933-): escritora americana que vive na Inglaterra, autora de muitos livros de poesia e ensaios. (N. T.)
** Ingrid Sischy: ex-editora-chefe da *Interview* e editora internacional das edições europeias da *Vanity Fair*. (N. T.)

É possível que sua construção de um "eu", bem como seu método em geral, também seja influenciada pela psicanálise? Você escolheu a psicanálise para tema de vários de seus livros. Como ela influenciou sua voz e sua abordagem geral?

Embora tenha influenciado minha pessoa, a psicanálise teve curiosamente pouca influência em minha obra. Isso talvez aconteça porque os escritores aprendem com outros escritores, não com teorias. Mas há paralelos entre jornalismo e psicanálise clínica. O jornalista e o psicanalista são *connoisseurs* dos pequenos movimentos desprezados da vida. Ambos garimpam a superfície — sim, a superfície — em busca do ouro do *insight*. A metáfora da profundidade — como na psicologia profunda — está errada, como o psicanalista Roy Schafer apontou. O inconsciente está ali na superfície, como em *A carta roubada*, de Poe. O jornalismo, com sua obrigação de noticiar as pequenas coisas, sempre foi apropriado para mim. É provável que eu também tivesse gostado de ser analista. Mas eu jamais teria entrado na faculdade de medicina, porque não era boa em matemática, por isso não era uma opção. Tampouco fui para a faculdade de jornalismo. Quando comecei a trabalhar como jornalista, não se considerava necessário um diploma de jornalismo. Na verdade, era considerado um pouco cafona.

Interessante. Porém, pergunto-me se a psicanálise poderia estar de algum modo envolvida em seu desnudamento das agressões ocultas envolvidas no processo de escrita. Um dos elementos mais marcantes de seu trabalho é a preocupação com a relação entre o escritor e seu personagem. Em um artigo recente da New Yorker, *você diz do jornalismo que "a malícia continua sendo seu impulso animador". Esse tipo de busca do motivo parece-me estar de algum modo ligado aos hábitos mentais que associamos à psicanálise.*

Acho que você está me perguntando, da maneira mais delicada possível, a respeito de minha própria agressão e malícia. O que posso fazer, senão me declarar culpada? Não sei se os jornalistas são mais agressivos e maliciosos do que as pessoas de outras profissões. Nós certamente não temos uma "profissão de ajuda". Se ajudamos a alguém, é a nós mesmos, algo que os nossos personagens não percebem que estamos fazendo. Não sou de forma alguma a primeira escritora a ter notado a falta de escrúpulo dos jornalistas. Tocqueville escreveu sobre a vileza dos jornalistas americanos em *A democracia na América*. Na novela satírica de Henry James *The Reverberator*, aparece um maravilhoso jornalista velhaco chamado George M. Flack. Eu sou apenas um dos muitos contribuintes para essa crítica. Tampouco sou a única. Tom Wolfe e Joan Didion, por exemplo, escreveram sobre o tema. É óbvio que ter consciência da própria velhacaria não é desculpa para ela.

Gostaria de saber se você está sutilmente se separando da massa de jornalistas que não examinam ou refletem sobre a questão, como Didion faz com a frase que sugere que conversar com jornalistas vai de encontro aos interesses da pessoa. Quando você admite sua velhacaria, isso certamente cria a impressão de que você está sendo honesta de uma forma que os leitores não estão acostumados a encontrar em jornalistas e críticos.

Quando escrevi *O jornalista e o assassino*, acho que estava (de forma nada sutil) me separando da massa dos jornalistas, e muitos deles ficaram com raiva de mim por romper fileiras. Havia algo de profundamente irritante naquela mulher que se colocava como sendo mais honesta e clarividente que o resto. Minha análise da traição jornalística foi vista como uma traição ao próprio jornalismo, bem como um exemplo de insolência aristocrática. Hoje, minha crítica parece óbvia, até mesmo banal. Ninguém a discute, e, sim, ela se degenerou — como acontece com as críticas — em uma espécie de desculpa esfarrapada.

> *Grande parte de sua obra diz respeito a casos judiciais e julgamentos. Você pode explicar o que há num processo judicial que lhe interessa, e de que forma em particular eles se prestam para o seu tipo de obra?*

Julgamentos oferecem oportunidades excepcionais para o exercício da crueldade jornalística. Os antagonistas nos julgamentos prestam-se a um tipo de escrutínio frio que poucas pessoas podem suportar. As transcrições de julgamento são documentos cruéis. A estenógrafa do tribunal registra devidamente tudo o que ouve, e o que aparece no papel assemelha-se muitas vezes a algo saído do teatro do absurdo. As cenas de tribunal de *O jornalista e o assassino* e de *The crime of Sheila McGough* são inteiramente baseadas em transcrições. Escrevi sobre os julgamentos depois que eles tinham acabado. Foi somente em meu último livro, *Anatomia de um julgamento: Ifigênia em Forest Hills*, que escrevi sobre um julgamento ao qual eu efetivamente compareci. Mas também me baseei fortemente na transcrição. Uma das partes mais interessantes de um julgamento são as conferências *sidebar* [em particular] *sotto voce*, em que os advogados e o juiz tiram as máscaras que puseram para o júri e os espectadores. Essas conferências são registradas pela estenógrafa do tribunal e aparecem na transcrição, para a qual contribuem muitas vezes com uma nota de pura comédia.

Você já leu livros de suspense? Dramas de tribunal? Histórias de mistérios?

Sua pergunta me lembra o ensaio de Edmund Wilson com o título maravilhoso de "Quem se importa com quem matou Roger Ackroyd?", que acabo de reler. Está na coletânea *Classics and Commercials*. Wilson desprezava a ficção policial. Ele já havia escrito uma crítica mordaz do gênero chamada "Por que as pessoas leem romances policiais?" que "me trouxe cartas de protesto em uma quantidade e de uma sinceridade apaixonada que nunca tinha sido provocada até mesmo por minhas críticas ocasionais à União Soviética" (Wilson estava escrevendo em 1945). Os autores das cartas de protesto diziam que ele não lera os romances policiais certos, então ele foi ler Dorothy Sayers, Margery Allingham, Raymond Chandler e outros — que o entediaram e lhe causaram repulsa mais ainda do que Rex Stout e Agatha Christie. "A leitura de romances policiais é simplesmente uma espécie de vício que, por sua tolice e nocividade menor, se classifica em algum lugar entre o tabagismo e as palavras cruzadas", escreveu ele. Li Wilson pela primeira vez nos anos 1950 e levei seus pronunciamentos muito a sério, como muitos outros candidatos a escritor da minha geração. Ele era (e continua sendo) um escritor de tremenda autoridade. Depois de ler "Quem se importa com quem matou Roger Ackroyd?", demorou anos para me ocorrer determinar a resposta por mim mesma. Acabei gostando de alguns escritores que ele odiava, embora sua reprovação de Dorothy Sayers se sustente.

Estou curiosa a respeito dos escritores de que você passou a gostar e que ele odiava. Muitos críticos comentaram sobre o ritmo de história de suspense ou de romance policial do seu jornalismo. Você consegue infundir uma espécie de energia que obriga a virar a página em assuntos que poderiam ser áridos ou acadêmicos, como os arquivos Freud ou a escrita biográfica. Há algo que você tenha conscientemente tomado de histórias de mistério ou suspense, em termos de ritmo, ou há alguma outra maneira de explicar essa característica de sua obra? Existe algum outro tipo de ficção que influencia seu jornalismo? Que romances você gosta de ler?

Estou quebrando a cabeça para responder à sua pergunta. Não consigo pensar em nada que eu tenha conscientemente tomado de romances de mistério e suspense, mas talvez tenha sido influenciada inconscientemente. Os escritores que Wilson odiava que eu vim a gostar foram Margery Allingham, Ngaio Marsh e Agatha Christie. Que romances gosto de ler? Adoro os grandes romances e contos ingleses, americanos e russos do século xix. Jane Austen, George Eliot, Trollope, Dickens, James, Hawthorne, Melville, Tolstói e Tchékhov estão entre os meus favoritos. Entre os romancistas e contistas do século xx, há Proust, Dreiser, Fitzgerald, Nabokov, Updike, Roth e Alice Munro. Não consigo imaginar um escritor de não ficção que não tenha sido influenciado pela ficção que tenha lido. Mas o "ritmo de suspense" que você encontra em minha obra talvez venha mais do meu próprio ritmo do que de romances de suspense. Eu caminho rápido e sou impaciente. Fico entediada facilmente — não menos com minhas próprias ideias do que com as dos outros. Escrever para mim é um processo de constante jogar fora coisas que não parecem suficientemente interessantes. Cresci em uma família de grandes interruptores.

Seu jornalismo tem as ricas descrições e caracterizações que associamos à ficção, especialmente a ficção do século XIX, bem como as qualidades narrativas de um romance. No seu maravilhoso *artigo sobre Vanessa Bell,* na* New Yorker, *você diz que esqueceu convenientemente que não está escrevendo um romance. Você já escreveu ficção?*

Tentei escrever ficção no colégio e na faculdade, do jeito que a garotada livresca costumava fazer e talvez ainda faça. Na faculdade — na Universidade de Michigan — fiz um curso de escrita criativa com o escritor Allan Seager, que me deu uma nota C no final. Foi humilhante, mas provavelmente útil. Nunca mais tentei escrever ficção. Um professor mais gentil talvez tivesse permitido que eu me iludisse sobre minhas habilidades de contista. A franqueza brutal de Seager poupou-me provavelmente de muito esforço desesperado. Sou capaz de relatar, mas não de inventar. O que os escritores de não ficção tiram de romancistas e contistas (assim como de outros escritores de não ficção) são os esquemas de narração. Histórias inventadas e verdadeiras são narradas da mesma forma. Há uma arte específica nisso. Mas não sou tão consciente do que estou fazendo enquanto escrevo. Sei apenas que alguma coisa tem de ser feita para transformar minhas anotações em um texto legível. Esse algo é o que você ensina, não é?

Isso é o que eu ensino, e por isso estou um pouco chocada com a história sobre o curso de ficção. Mas estou interessada no seu uso da expressão "franqueza brutal" para esse professor provavelmente equivocado. Parece-me que você usa essa frase com admiração e que admira uma espécie de franqueza que também percebe como brutal. Estou certa? Pode explicar sua relação com esse modo particular de percepção?

Essa é uma observação muito interessante. Nunca me ocorreu que "franqueza brutal" fosse uma expressão tão carregada.

* Vanessa Bell (1879-1961): pintora inglesa, irmã de Virginia Woolf. (N. T.)

Claro que é. Mas é preciso alguém de sua geração para olhá-la com desconfiança. No momento do C de Allan Seager — início dos anos 1950 — um professor machista como ele (tinha clara preferência pelos homens da classe) não era nada incomum. Eu cheguei tarde no feminismo. Mulheres que se tornaram adultas na minha época desenvolviam formas agressivas para chamar a atenção dos machos superiores. O hábito de receber atenção fica com você. Essa é apenas uma tentativa de responder à sua pergunta, mas faz sentido, talvez? Eis uma outra coisa: durante meus quatro anos de faculdade, não tive um único professor do sexo feminino. Não havia nenhuma, tanto quanto sei.

Fale-me mais sobre esse hábito de obter atenção. Não está cem por cento claro para mim o que você quer dizer.

Não está cem por cento claro para mim também. Naquele artigo sobre Vanessa Bell que você mencionou antes, cito a jovem Virginia Woolf sobre a questão de seus amigos gays. O que ela chamava de "a sociedade dos enrabadores" tem "muitas vantagens, se você é uma mulher", escreveu em um livro de memórias chamado *Old Bloomsbury*. "Ela é simples, é honesta, nos faz sentir [...] em alguns aspectos, à vontade." Mas "tem esta desvantagem — com enrabadores não podemos, como dizem as amas, nos exibir. Algo é sempre reprimido, suprimido. No entanto, esse exibicionismo, que não é necessariamente copular, nem estar totalmente apaixonado, é um dos grandes encantos, uma das principais necessidades da vida". Exibir-se para homens heterossexuais continuava a ser um prazer e uma necessidade para as mulheres da minha geração. Aquelas de nós que escreviam, o faziam para os homens e se exibiam para eles. Nossa escrita tinha um certo tom. Não tenho certeza se posso descrevê-lo, mas posso ouvi-lo. Você nos levou para águas profundas. Trata-se de um tema complexo e turvo. Talvez possamos atravessar a névoa juntas.

Eu me pergunto se parte desse tom de que você fala não é uma espécie de agudeza deslumbrante. George Bernard Shaw *escreveu que Rebecca West empunhava uma caneta de forma tão brilhante quanto ele e "de forma muito mais selvagem", e H. G. Wells disse que ela "escrevia como Deus". Nessa mesma linha, Elizabeth Hardwick afirma que Mary McCarthy não é limitada pela "delicadeza" feminina. Será que essa ferocidade, tanto em West como em McCarthy, e também, digamos, em Susan Sontag, faz parte do que você quer dizer com aquele "exibicionismo" e esse "certo tom"? Há alguma coisa em ser escritora num campo muito masculino que leva a um tipo de agressividade brilhante no texto?*

A agressividade está acoplada com flerte. Desse modo, você consegue que os caras digam que você escreve como Deus. Talvez devêssemos passar para um novo assunto.

Que tal a edição? Você já teve editores com quem gostou de trabalhar? Você pode me falar sobre como edita seu trabalho, e sobre o trabalho de edição bem-vindo ou não do mundo exterior?

Fico muito feliz que você tenha feito esta pergunta, porque me permite corrigir uma omissão. Quando respondi à sua pergunta sobre o ritmo da minha escrita, deveria ter mencionado uma pessoa com uma atenção ainda mais curta do que a minha, ou seja, meu marido, o falecido Gardner Botsford, que foi meu editor na *New Yorker*. A título de responder à sua pergunta sobre edição, quero citar algumas coisas que eu disse sobre Gardner em seu funeral, em 2005:

Ele odiava quando as pessoas não sabiam parar. Muito de seu trabalho como editor estava dedicado à eliminação de palavras supérfluas — com frequência, de parágrafos supérfluos —, às vezes, até de páginas supérfluas...

Ele fazia muitas outras coisas também; seu gosto, seu ouvido para a linguagem, sua paixão pela clareza, eram evidentes em cada uma de suas intervenções editoriais. Lembro-me da primeira vez em que fui editada por ele. Eu li a prova de página, resultado de muitas marcas a lápis que ele havia feito em meu manuscrito, e senti o tipo de prazer que se sente diante de uma pintura maravilhosa ou ao ouvir uma ária magnífica. Com habilidade deslumbrante, sem alterar de modo nenhum o sentido, Gardner tinha transformado a escrita acidentada em prosa polida. Ao longo dos anos, tornei-me mais *blasé* em relação à sua edição, como fazemos com a água encanada, mas eu valorizo a memória do meu primeiro encontro com sua delicadeza e sua potência quase sobrenaturais. A. J. Liebling expressou isso sem rodeios e da melhor maneira quando disse a Gardner — a cujo trabalho de edição ele havia teimosamente resistido no início e, por fim, aceitado com gratidão — "Você faz com que eu pareça um escritor de verdade".

Preservaram-se manuscritos com as marcações de Gardner e, à primeira vista, parece como se alguém tivesse dado machadadas num artigo indefeso. Mas num exame mais minucioso, vê-se o tato com que cada intervenção foi feita. Gardner dizia sempre que a primeira obrigação de um editor era para com o leitor, mas ele tinha uma sensibilidade notável para as formas de expressão de cada escritor, de modo que suas alterações em nome do leitor sempre pareciam ter sido feitas pelo escritor, em vez de por algum intruso grosseiro. Se Gardner estivesse aqui, não creio que discordaria do que eu disse, mas é provável que estivesse olhando para o relógio.

Acho que essa é a descrição mais romântica e adorável do trabalho de edição que já encontrei. É difícil escrever sem ele? Às vezes penso o que alguns dos meus grandes editores diriam enquanto eu estou escrevendo. Você tem essa relação com o trabalho de edição dele?

Sim, tenho. Quando Gardner estava vivo, eu escrevia de forma mais desleixada do que hoje; eu sabia que ele estaria lá para limpar as coisas. Agora, tento limpar a sujeira enquanto escrevo. Mas não estou sem alguém que me ajude. Tenho uma editora brilhante na *New Yorker*, Ann Goldstein, que tem o ouvido para a linguagem e o lápis delicado que Gardner tinha. Dependo dela para o que eu dependia de Gardner: ela põe o mesmo brilho nas frases. Onde Gardner é insubstituível — onde Ann e eu só podemos tentar igualá-lo — é em seus cortes e rearranjos destemidos. Um escritor da *New Yorker*, que era apaixonado demais por todas as palavras que escrevia para entender o trabalho de edição de Gardner, o chamava de "o Estripador". Na maioria das vezes, eu entendia os motivos de Gardner, embora aqui e ali — com ou sem razão — eu discordasse dele, mas não com muita frequência.

Você poderia falar um pouco sobre a mecânica do seu processo de escrita? Você trabalha horas regulares ou em ataques de inspiração? Você mesmo edita o texto? Você encara a escrita como um operário? Você é uma marceneira que faz um armário, ou há mais drama ou tormento?

Estou definitivamente mais para marceneira do que para artista atormentada. Não que a escrita venha fácil. Não sei sobre os marceneiros, mas muitas vezes fico empatada. Então me dá sono e tenho de deitar-me. Ou me obrigo a sair de casa — caminhar, às vezes, produz uma solução. O problema é geralmente de lógica ou ponto de vista. Trabalho normalmente pela manhã. A primeira hora é a mais produtiva. As duas ou três seguintes são menos — podem até mesmo ser completamente inúteis. Às vezes, trabalho na parte da tarde também, mas a manhã é o tempo de trabalho obrigatório. Quanto à "mecânica" da composição, tudo o que posso dizer é que a máquina funciona lenta e erraticamente, e estou sempre um pouco nervosa em relação a isso, embora, a essa altura, já esteja bem acostumada. Acho que confio mais nela.

Quanto a fazer a edição: quando entrego um artigo, espero que haja sugestões de mudanças, e não sou ruim em usar essas sugestões para melhorar o texto. Mas preciso da dica de que algo não está certo.

Há algum de seus livros que você achou mais difícil de escrever do que os outros?

Achei o mundo de *The crime of Sheila McGough* mais difícil de penetrar que o de qualquer outro de meus livros. Era o mundo da fraude empresarial. Foi uma grande luta para mim entender os meandros da fraude sobre a qual eu estava escrevendo. Eu me ressentia de estudar um assunto tão estúpido. Senti que poderia ter aprendido alemão ou dançar flamenco no tempo que gastei tentando entender os negócios corruptos de um vigarista chamado Bob Bailes. Sheila McGough era sua advogada e sua vítima, no sentido de que foi acusada e condenada por ser sua cúmplice. Na verdade, ela era apenas uma defensora estranhamente dedicada em excesso. Era uma moça católica inocente que morava com os pais idosos e não tinha um pingo de desonestidade no corpo. Mas um promotor habilidoso conseguiu persuadir o júri de sua culpa. Foi o meu livro menos bem-sucedido. Tenho caixas cheias dele em meu porão. Acontece que gosto muito dele — talvez do jeito que se gosta do nanico de uma ninhada. Mas talvez os leitores também não quisessem estar naquele mundo. Talvez eu não tenha conseguido tirar o tédio dele. Por outro lado, eu talvez tenha conseguido.

Qual dos seus livros, ao contrário, veio mais naturalmente?

Não me lembro de ter nenhum problema especial com meu livro mais recente, *Anatomia de um julgamento: Ifigênia em Forest Hills*. Mas — para citar o título do novo livro de Nora Ephron — não me lembro de nada.

Em Anatomia de um julgamento: Ifigênia em Forest Hills, *parece que a lógica do enredo está conduzindo à ideia de que o julgamento de Mazoltuv Borukhova foi injusto e que ela talvez fosse inocente; contudo, no final, parece que você pensa que ela é culpada. Em algum momento você achou que ela fosse inocente, ou queria que ela fosse inocente? Ela é uma personagem totalmente fascinante, no centro do livro. Pode falar um pouco sobre como se sentiu em relação a ela enquanto estava escrevendo?*

Em algum lugar do livro eu disse que "a estranheza de Borukhova era sua característica definidora". À medida que eu acompanhava o julgamento, sentia que a compreendia cada vez menos. Ela parecia mais e mais estranha, bem como suas irmãs e sua mãe. Eu tinha esperança de entrevistá-la, mas nunca consegui. Ela era como um animal selvagem que não podia ser atraída para a armadilha do "tenha-um-coração". Tanto o advogado de defesa como seu advogado de apelação ofereceram a possibilidade de uma entrevista, mas isso nunca aconteceu. Então, há uma espécie de buraco no centro do livro. Ela se torna aquela que você imagina que ela é. O promotor levou os jurados a imaginá-la como uma pessoa totalmente má. O advogado de defesa não teve sucesso em substituir isso por uma caracterização diferente. O fato de ter sido chamada a depor serviu apenas para que o promotor desse corpo ao retrato dela como uma mentirosa perversa. Foi uma armadilha impiedosa e letal.

Eu percebo o que você pretende ao dizer que ela é uma cifra que se torna quem quer que você imagine que ela seja (não muito diferente de Sylvia Plath em A mulher calada*). Mas levando-se em conta a linguagem que você usa aqui, parece que você tem alguma simpatia por ela. Minha pergunta é: o que você teria feito se estivesse no júri? E você sentiu alguma simpatia pela estranheza dela, por ela ser, como você diz — e isso transparece definitivamente no livro —, um animal em uma armadilha?*

Senti grande simpatia por ela como mãe. Mas fiquei intrigada com sua disposição de aceitar a sentença terrível do juiz determinando que sua filha fosse morar com o pai que ela temia. Na situação dela, eu teria desafiado a ordem. Eu levaria minha filha para morar em outro estado ou país, sob nome falso. Eu imagino que teria feito isso. Nenhum de nós sabe ao certo do que somos capazes, como nos comportaremos quando testados.

O que eu teria feito se estivesse no júri? Acho que teria votado pela absolvição. Os noventa telefonemas ligavam Borukhova a Mallayev — que parece ter cometido o crime —, mas não provavam conclusivamente que ela o havia contratado para matar seu marido. Parecia que ela havia feito isso, mas é o suficiente? O promotor evidentemente pensava que não era, que para obter a sua condenação precisava denegrir seu caráter. Não se chega a um veredicto em estado de indiferença. Minhas entrevistas com dois dos jurados mostraram o quanto o veredicto deles foi determinado pela antipatia por ela e pelo desejo de julgá-la culpada.

No livro, você atribui ao menos um pouco da misteriosa "estranheza" de Borukhova ao fato de ela fazer parte de uma comunidade imigrante e ser nova no sistema, por assim dizer. Obviamente, você é de um mundo muito diferente, mas pergunto-me se ter vindo para este país quando criança lhe deu algum sentimento de estranheza, ou se você acha que aquela experiência, de ter de viver em um novo sistema, afetou de alguma forma sua identidade como escritora.

Eu vim para os Estados Unidos com cinco anos de idade e não sabia inglês. Muitas das lembranças que tenho daquela época são de minhas confusões e equívocos em um jardim de infância no Brooklyn, ao qual meus pais me haviam enviado por acaso e, provavelmente, por imprudência. Por exemplo, houve uma viagem de turma da qual fui excluída porque não compreendi a tempo que deveria trazer dinheiro de casa para participar dela. Outra lembrança é da professora do jardim dizendo "adeus, crianças" no fim do dia, e minha inveja da menina cujo nome eu supunha ser *Crianças*. Minha esperança secreta era que um dia a professora dissesse: "Adeus, Janet". Eu nunca liguei essas batalhas patéticas com uma língua que eu não conhecia a lutas posteriores com a língua com que tentei e tento não cair em desgraça como escritora profissional, mas, no fim das contas, pode haver uma conexão. Sua pergunta me dá muito o que pensar.

Para voltar, por um momento, ao que você disse sobre Borukhova como mãe: você achou que ter uma filha entrava em conflito com sua obra? Isso pode revelar que estou fazendo uma lista, mas notei que todas as escritoras que mais admiro não tiveram filhos, ou, no máximo, apenas um. Gostaria de saber se você já se sentiu um estirão entre a ambição e a criança, se a impiedade da escritora esteve alguma vez em conflito com os instintos maternais?

Eu realmente senti a atração oposta entre a impiedade da escritora e os instintos maternais. Mas isso pode ser uma questão profunda demais para uma troca de e-mails sobre a arte da não ficção. O lugar para discutir nossas batalhas com a arte de ser mãe é provavelmente um bar escuro.

É provável que você tenha razão. Eu noto em suas respostas às minhas perguntas uma espécie de elemento de colagem. Com frequência, você cola citações longas, e isso também é verdade sobre sua obra de não ficção e crítica. Você pode explicar sua atração por essa técnica?

Bem, a atração mais evidente da citação é que lhe dá um pouco de férias de escrever — outra pessoa está fazendo o trabalho. Tudo que você precisa fazer é digitar. Mas há uma razão além da preguiça para o meu gosto de citar longamente. A citação permite que se mostre a coisa em si, em vez do simulacro pálido, e nunca bem correto, que é a paráfrase. Por essa razão, eu prefiro livros de cartas a biografias. Sou tentada a citar-me sobre esse assunto — escrevi sobre isso no artigo sobre Vanessa Bell de que falamos anteriormente —, mas você fez eu me sentir constrangida, talvez até um pouco culpada, em relação a essa prática, por isso vou resistir ao impulso.

Você pode me falar sobre seu estilo de entrevistar? Como você extrai as histórias de seus entrevistados, e o que observou ao longo dos anos sobre a entrevista em geral, e sobre como as pessoas respondem às perguntas dos jornalistas?

Escrevi sobre isto em *O jornalista e o assassino*. Um repórter do *Newsday* chamado Bob Keeler tinha me dado um livro contendo as transcrições de suas entrevistas com Joe McGinniss e Jeffrey MacDonald, prefaciado por listas de perguntas que ele planejava fazer.

Quando cheguei em casa, folheei o livro e deixei-o de lado. Não tinha pedido por ele, e sentia que havia alguma coisa de quase ilícito em estar de posse dele. Ler as entrevistas de Keeler seria como ficar bisbilhotando em conversa alheia, e usar qualquer coisa delas seria como estar roubando. Acima de tudo — algo que ia muito mais fundo do que qualquer preocupação com bisbilhotice ou roubos — estava a afronta ao meu orgulho. Afinal de contas, uma entrevista é tão boa quanto o jornalista que a conduz, e eu achava — falando francamente — que Keeler, com as suas perguntas preparadas e as suas maneiras diretas de repórter de notícias, não conseguiria de seus entrevistados o tipo de resposta autêntica que tento extrair dos meus com uma técnica mais japonesa. Quando por fim li as transcrições dele, porém, tive uma surpresa e uma iluminação. MacDonald e McGinniss haviam dito a Keeler, com toda sua falta de sutileza, exatamente as mesmas coisas que tinham dito para mim. Não fizera a menor diferença que Keeler tivesse lido uma lista de perguntas preparadas e eu tivesse agido como se estivesse fazendo na hora. Com o livro azul de Keeler, eu aprendi sobre as personagens a mesma verdade que os analistas aprendem sobre os pacientes: eles contam a história deles para qualquer um que se disponha a escutar, e a história não é afetada pelo comportamento ou pela personalidade de quem escuta; assim como os analistas ("bons o bastante") são intercambiáveis, os jornalistas também são.

Você deve estar pensando: estarei voltando ao hábito de me citar e, talvez, sancionando a "verdade" do trecho? Pus o ponto de interrogação porque, de repente, não tenho mais nenhuma certeza sobre tudo isso. Depois que meu livro saiu, vários leitores escreveram e perguntaram: "Qual é a técnica japonesa?". Talvez eu tenha subestimado o seu poder. Alguma parte de sua persona está certamente pairando sobre esta entrevista e influenciando, se não moldando, minhas respostas.

Deixe-me fazer uma pergunta que você talvez pense que não está relacionada com isso. Eu adoro o trecho de Butterfield 8 *em que John O'Hara escreve que a personalidade adulta extrovertida e borboleteante de Gloria é uma compensação por ter sido uma criança tímida. Você foi uma criança tímida?*

Sim, fui. Mas você me conheceu. Você acha realmente que sou extrovertida e borboleteante?

Bem, não. Mas a agressividade social formalizada da repórter parece, à sua maneira, uma manifestação de "extroversão". Eu também me pergunto: você leva o seu exame minucioso e seus hábitos de jornalista para a vida social normal, digamos, em uma festa ou num almoço, ou eles estão confinados à situação de entrevista?

Acho que sou quase a mesma o tempo todo. Não falo muito e passo a impressão de que estou interessada no que as pessoas estão dizendo. Claro, nem sempre é o caso. Gosto de usar um gravador quando entrevisto, principalmente para captar os hábitos de fala característicos do entrevistado, mas também porque ele me permite deixar minha mente vagar e, depois, recuperar as coisas interessantes que ele ou ela pode ter dito. Em almoços e festas não há segunda chance para quem sonha acordado.

Você escreve em A mulher calada *que o entrevistado e o entrevistador "estão sempre sendo distraídos e seduzidos pela semelhança externa do encontro com uma reunião amigável comum". Você sente essa distração e sedução quando entrevista, ou você avançou para além disso?*

Um dia do ano passado, durante a Páscoa, passei muito tempo na loja Whole Foods tentando decidir qual dos pacotes de biscoitos kosher eu deveria levar para a casa da família judaica bucarana que ia entrevistar naquela noite. Queria levar uma coisa legal e nenhum dos biscoitos parecia excelente, mas não havia nenhuma outra coisa adequada. Quando cheguei em casa, examinei os pacotes de biscoito e pensei em voltar e trocar os com cobertura de chocolate, que pareciam particularmente pouco apetitosos, por mais *macarons*. Depois pensei que talvez fosse melhor — mais "profissional" — não levar nada. Consultei um amigo, que disse de forma decisiva: "Você não pode visitar uma família judia e não levar alguma coisa". Então, levei os biscoitos para a entrevista. Durante toda a noite fiquei distraída com a questão de saber se a dona da casa iria abrir os pacotes e oferecer os biscoitos.

Acho que a gente nunca se afasta completamente da atração do pessoal em qualquer encontro humano. Mas penso que quando os jornalistas se lembram que a entrevista é um tipo especial de encontro e refreiam um pouco de sua afabilidade natural, não perdem nada com isso. O entrevistado não percebe. Ele quer contar sua história. E quando reconta a história de uma forma que o entrevistado não pode prever, o jornalista não se sente como um tremendo traidor.

Você pode analisar um pouco a reação do mundo dos escritores e jornalistas ao processo por difamação aberto contra você e a New Yorker *por Jeffrey Masson? Parece-me surpreendente que a comunidade mais ampla não tenha se mobilizado para apoiá-la de uma forma mais enfática. Você escreveu depois que achou em sua casa de campo o caderno de anotações que continha a versão manuscrita de algumas das citações que ele alegou que você fabricou, quando sua neta estava brincando perto de uma estante. Eu ainda ouço às vezes pessoas dizendo que não acreditam que você encontrou o caderno, ou que acreditam que não houve difamação, mas têm a vaga sensação de que houve algum astuto malfeito jornalístico. Por que você acha que as pessoas, especialmente os jornalistas, reagiram daquela forma?*

Quando escrevi O jornalista e o assassino, eu o fiz na, como se provou, crença tola de que a ação judicial de Jeffrey Masson contra mim e a *New Yorker* — que havia sido rejeitada por um tribunal da Califórnia — estava definitivamente encerrada. Eu deveria saber, tendo escrito seu perfil, que Masson não desistiria tão facilmente. Ele recorreu, e logo depois que o artigo em duas partes da *New Yorker* saiu em livro, ele conseguiu derrubar a decisão e vencer no tribunal. A comunidade jornalística, que (como observei anteriormente) estava irritada comigo por minhas observações sobre o jornalismo, ficou naturalmente muito satisfeita com o rumo dos acontecimentos. Quem poderia culpá-la? Quem já não sentiu prazer na queda de alguém que se diz poderoso? O fato de ser uma escritora da *New Yorker* que estava sendo arrastada pela lama só aumentava a alegria perversa. Naquela época, a revista ainda estava envolta num casulo de superioridade moral que realmente incomodava as pessoas que trabalhavam em outras publicações. Eu não me ajudei ao me comportar da maneira como os escritores da *New Yorker* pensavam que deveriam se comportar quando abordados pela imprensa: como pequenas imitações de William Shawn e sua fobia pela publicidade. Então, em vez de me defender contra as falsas acusações feitas por Masson em entrevista após entrevista, mantive meu silêncio ridículo. Por fim, consegui convencer um júri de que eu estava dizendo a verdade e não havia inventado nada. Mas ao me recusar a contar o meu lado da história para a imprensa, ao agir como se eu não tivesse de contar o meu lado da história, pois quem poderia duvidar de sua verdade?, perdi no tribunal da opinião pública.

Outro erro que cometi foi o de levar a sério a lição de Jarndyce *vs.* Jarndyce* e dar a mínima atenção possível à ação judicial de Masson; eu pensava: que os advogados cuidem disso e vou viver minha vida, fazer meu trabalho e não acabar como aqueles infelizes obcecados pelos tribunais de *A casa abandonada*. Mas era a lição errada. Anos mais tarde, percebi que os advogados tinham conduzido mal o caso. Eles conseguiram seu encerramento, através de um mecanismo legal chamado julgamento sumário, por razões que eu nunca teria consentido que alegassem se estivesse prestando atenção. O juiz aceitou a alegação do meu advogado de que as três citações em questão (das quais eu havia perdido as minhas anotações manuscritas) eram tão similares às citações que estavam em uma fita que, mesmo que tivessem sido inventadas, Masson ainda assim não tinha razão. Isso está completamente errado! (Como a Suprema Corte viu acertadamente.) *Similar* não é *igual*. Na imprensa, o "mesmo que" foi traduzido por "mesmo tendo sido" — por uma admissão de culpa. Não me surpreende saber que há pessoas que ainda pensam que fiz algo errado.

---

* Obscuro processo judicial de herança em torno do qual giram os personagens do romance *Bleak House* [*A casa abandonada*], de Charles Dickens. (N. T.)

Um pensamento final sobre a ação judicial. Não foi agradável ser processada e foi doloroso ser ridicularizada por meus colegas jornalistas, mas foi uma experiência que eu não gostaria de ter perdido. Não era uma ameaça à vida, e foi muito interessante. Tirou-me de um lugar protegido e me jogou na água estimulantemente gelada. O que mais poderia querer um escritor?

ESTA OBRA FOI COMPOSTA EM MINION PELO ACQUA ESTÚDIO E IMPRESSA
PELA GEOGRÁFICA EM OFSETE SOBRE PAPEL PÓLEN BOLD DA SUZANO PAPEL
E CELULOSE PARA A EDITORA SCHWARCZ EM ABRIL DE 2012